기독교문서선교회 (Christian Literature Center: 약칭 CLC)는 1941년 영국 콜체스터에서 켄 아담스에 의해 시작되었으며 국제 본부는 미국 필라델피아에 있습니다. 국제 CLC는 약 650여 명의 선교사들이 59개 나라에서 180개의 서점을 운영하며 이동 도서 차량 40대를 이용하여 문서 보급에 힘쓰고 있으며 이메일 주문을 통해 130여 국으로 책을 공급하고 있는 국제적 문서선교 기관입니다.

내가 여기 있습니다

자연, 생명, 인간, 믿음에 관한 한 그리스도인의 수상록

Here I am
Written by Kooil Kang
All rights reserved.
Korean Edition Copyright ⓒ 2025 by Christian Literature Center, Seoul, Korea

내가 여기 있습니다

2025년 6월 16일 초판 발행

지 은 이　| 강구일

편　　집　| 이소현
디 자 인　| 소신애
펴 낸 곳　| (사)기독교문서선교회
등　　록　| 제16-25호(1980. 1. 18.)
주　　소　| 서울특별시 동대문구 천호대로71길 39
전　　화　| 02-586-8761~3(본사) 031-942-8761(영업부)
팩　　스　| 02-523-0131(본사) 031-942-8763(영업부)
이 메 일　| clckor@gmail.com
홈페이지　| www.clcbook.com
송금계좌　| 기업은행 073-000308-04-020 (사)기독교문서선교회
일련번호　| 2025-50

ISBN 978-89-341-2823-6(03230)

이 책의 출판권은 (사)기독교문서선교회가 소유합니다.
신저작권법에 의하여 한국 내에서 보호받는 저작물이므로 무단 전재와 무단 복제를 금합니다.

내가 여기 있습니다

Here I am

강 구 일 지음

CLC

목차

프롤로그　　6

제1장 자연　　14
1. 지구환경의 신비　　15
2. 배경 복사의 법칙　　19
3. 엔트로피의 증가　　20
4. 변화하는 에너지　　22

제2장 생명　　23
1. 생명의 기원은?　　23
2. 생명과 에너지　　24
3. 분자 수준의 생명　　26
4. 개체 생명　　37

제3장 인간   51

    1. 떡으로만 살 것이 아니요 하나님의 말씀으로 살 것이라   51
    2. 인간의 본성   52
    3. 인간 사고의 한계   57
    4. 자유는 삶의 동력   60
    5. 안정과 불안정   72
    6. 사랑   75
    7. 건전한 결혼관   108
    8. 원만한 부부 관계   112
    9. 성공하는 인생   115

제4장 믿음   180

    1. 믿음이란?   180
    2. 예방적 믿음   194
    3. 기도   195
    4. 맹세   198
    5. 생명보다 귀한 진리   199
    6. 의와 믿음   202
    7. 욕심과 공포   204
    8. 고정관념을 버려야   206
    9. 베드로를 책망하는 바울   208
    10. 신앙 교육   209
    11. 내가 여기 있습니다   210

프롤로그

인간의 호기심은 종교와 과학 문명의 발전에 큰 역할을 해 왔으나 종교와 과학은 대립하는 관계이다. 특히, 기독교와 과학은 더욱더 그렇다. 그 이유는 기독교는 전지전능의 하나님께서 천지를 창조하시고 그 위에 생명을 창조하여 번성하게 하셨다고 주장하고, 과학은 천지와 생명은 자연적으로 만들어졌다고 주장하기 때문이다.

인간은 '이 대립하는 관계에 있는 종교와 과학을 어떻게 받아들여야 하는가' 하는 문제를 고민하는 위치에 있다. 거기에는 세 가지 선택지가 있다. 둘 다 무시하거나, 둘 중 하나를 택하거나, 아니면 둘 다 받아들이는 것이다.

성경 창세기 1장에는 하나님께서 우주 만물을 창조하신 일주일에 관한 기록이 있다. 그 순서를 보면 과학적이고 논리적으로 기록하려고 애쓴 흔적을 찾을 수 있다.

1절에 "태초에 하나님이 천지를 창조하시니라"라고 선언한 후, 2절에는 하나님께서 어둡고 무한 광대한 우주 공간에 계셨다는 것을 기록했다. 그다음에 하신 일이 빛이 있게 하신 것이다. 그리고 하늘과 바다를 만드신 후에 식물을 만드셨다. 그다음에는 해와 달을 만드셨고, 동물을 만드신 후 마지막으로 사람을 창조하셨다.

그러나 이 기록을 자세히 살펴보면 논리적으로나 언어적으로 모순되거나 비합리적인 것이 여러 군데 있다. 이 기록을 했던 시대와 그로부터 수천 년이 지난 지금은 언어와 삶의 패러다임(체계)이 완전히 달라서 현대인의 사고로는 이해할 수 없는 것이 많다. 특히, 과학 기술이 상상을 초월할 만큼 발전한 사회에 사는 현대인의 눈으로 보면 비과학적이고 너무나 황당하게 느낄 수 있는 부분이 있다.

과학은 실험적으로 증명하거나, 과학적 논법으로나 귀납법적으로 증명하기 때문에 신뢰도가 높다. 그러나 성경 말씀 속에 변하지 않는 진리가 있다는 것은 부인할 수 없으나 그것을 증명할 수 없는 경우가 많기 때문에, 성경은 현대인들에게 외면당할 수밖에 없다.

그렇지만 성경 말씀은 인간이 바르고 행복하게 사는 바른길을 가르쳐 준다.

그러면 어떻게 의심 없이 성경 말씀 안에 있는 진리를 믿고 배워서 인생을 행복하게 살 수 있게 할까?

성경 말씀을 처음 접하는 사람들은 종교와 과학을 같은 차원의 시각으로 보기 때문에 저항이 생길 수밖에 없다. 그러나 과학과 종교는 완전히 다른 차원으로 접근해야 한다. 즉, 종교는 종교로, 과학은 과학으로 접근해야 한다.

그렇게 하기 위해서는 종교와 과학의 차이점을 이해해야 한다. 그 차이점을 이해하려면 과학 지식을 가져야 하고, 과학 지식을 가진 관점에서 종교를 보면 종교에 대한 시선이 너그러워질 수 있다.

나는 과학을 전공하고 의학을 전공하면서도 신앙생활을 해 왔다. 그런 생활을 할 수 있었던 이유는 과학을 하는 데 신앙이 절대적으로 도움을 주었고, 과학을 하는 관점에서 인간이나 자연을 보았을 때 인간의 능력으로는 도저히 이해할 수 없는 신비한 것이 많다는 것을 경험했기 때문이다. 그래서 나는 하나님을 믿을 수밖에 없었다.

물리학의 '관성의 법칙'은 자연의 원리를 설명하는 과학 원리이지만, 인간의 습관을 단적으로 표현한 "세 살 버릇 여든까지"라는 속담과 일맥상통하는 점이 있다. 즉, '한번 자리를 잡으면 바꾸기가 어렵다'라는 뜻을 가진 공통점이 있다.

이 물리학의 관성의 법칙이 인간의 삶에도 적용된다는 것을 나는 인생을 오래 살아 보고 늦게서야 깨달았다.

나는 유교 가정에서 태어나 유교 전통의 가정 교육을 받으며 자랐다. 국민학교(지금의 초등학교)에 들어가기 전에는 새벽마다 선반 위에 놓인 천자문을 들고 할아버지께 가서 그 앞에 무릎을 꿇고 앉아서 읽어야 했다. 새벽잠이 덜 깨어서 졸기라도 하면 싸리나무 회초리로 종아리를 맞아 가며 한문을 배웠다. 국민학교에 입학한 후에는 이른 새벽에 일어나 조상의 제사를 지내는 훈련을 받기 시작했다.

그러나 국민학교를 졸업하면서 아브라함처럼 고향을 떠나 살게 되었다. 내가 고향을 떠나 살게 된 이유는 미래를 내다보는 혜안(慧眼)을 가지신 할아버지의 교육열 때문이었다. 할아버지는 내가 조금이라도 더 좋은 중학교에 가서 교육을 받게 하려고 애를 쓰셨다. 그러나 자손이 귀한 집에서 장손으로 태어난 손자의 신변 안전이 염려스러워서 큰 도시에 보낼 수는 없었고, 70리 밖에 사는 셋째 딸의 집에서 중학교에 다니게 했다.

중학교를 졸업한 후에는 대구 근교의 농촌 마을인 성당동의 넷째 고모님 집으로 거처를 옮겼다. 이번에도 할아버지께서 내가 그곳에서 고등학교를 다니도록 하셨기 때문이다. 당시 고모님은 교인 50여 명이 출석하는 교회에서 전도사로 일하고 계셨다. 그러다 보니, 나도 교회에 나가지 않을 수 없게 되었다.

교회에 가서 설교를 들어 보았다. '예수'라는 사람이 죽은 나사로를 살리고, 물 위로 걸어오고, 보리떡 다섯 덩어리와 물고기 두 마리로 5천 명을 먹였다는 둥 과학적으로는 도저히 납득할 수 없는 기적에 대한 설교를 듣고 너무나 황당하여 크게 반발했다.

그런데 내가 대학에 들어가서 한 학기를 마치고 2학기가 시작되면서 장티푸스라는 감염병에 걸려서 40일 동안 학교에 가지 못하고 집에 누워서 사경을 헤매며 앓았다. 그때 한국에는 장티푸스를 치료하는 약이 없어서 그 병에 걸리면 대부분 죽었다. 그러나 고모님의 적극적인 도움으로 미군 부대에서 그 병을 치료할 수 있는 약을 구하여 나는 기적적으로 살았다.

그 병을 앓고 난 후 나는 삶과 죽음에 대하여 진지하게 생각하게 되었고, 예수 그리스도의 가르침과 기적에 대해서도 긍정적으로 생각하게 되었다.

시간이 더 지나서는 예수님을 구주로 믿고 하나님의 일을 하기로 결심하고 자신을 준비하기 시작했다. 그 후 미국 유학을 하고 한국으로 돌아와서 수십 년 동안 의료 선교사를 양성하는 일을 했다. 이렇게 신앙인이 되는 데 오랜 세월이 걸렸다. 그렇게 하나님을 믿는 신앙인이 되어서 하나님의 복음을 전하는 일을 해 보니, 젊은 세대는 내가 고등학교 시절에 반발했던 것과 똑같은 반응으로 복음을 쉽게 받아들이려 하지 않았다.

설상가상으로 지난 반세기 동안 과학 문명의 눈부신 발전으로 하나님의 창조에 관한 것을 비롯한 성경의 기록이 한갓 픽션(허구) 정도로 취급받는 위기에 처했다. 현대 과학 기술은 인간의 손으로 생명의 핵심인 유전자(DNA)를 합성하여 생명체를 만들어 낼 수 있는 수준까지 발달하였고, 천문학 분야는 허블우주망원경과 제임스웹우주망원경으로 수억만 년 전에 일어난 우주의 생성 모습을 생생하게 보고 사진을 찍어서 전 세계 사람들이 볼 수 있도록 뉴스에 내보내는 수준까지 발달되었으니, 창세기의 기록이 설득력을 잃게 되었다.

이런 시대적 변화에 따른 문제를 종교개혁으로 접근하려는 성직자도 생겼다. 베스트셀러 작가이자 논란이 많았던 교육자인 존 셸비 스퐁(John Shelby Spong) 성공회 주교는 하버드대학교 초청 강연에서 기독교에 새로운 활력을 불어넣고 미래를 보장하기 위하여 새로운 개혁을 촉구했다.

그는 12개의 미래 지향적인 개혁 조항을 제시했다. 구식 교리 대신 인간의 경험과 깊이 연결된 새로운 기독교 교리에 대한 갈망이 기독교인들 사이에서 커지고 있기 때문에 기독교에 활력을 불어넣기 위해 현대의 발전한 지식 사회에 맞는 신앙으로 업데이트하고, 엄격하고 문제가 있는 교회 가르침에 도전할 것을 촉구했다.

그는 전통적인 예배의 언어와 21세기의 언어 사이에는 단절이 있다고 주장하고 이 단절을 해소하려면 신에 대한 기본적인 이해를 재고하고 재구성해야 한다고 역설했다.

그는 그 강연을 토대로 『믿을 수 없다』(*Unbelievable*)라는 책을 출판했다. 그 책에서 스퐁은 오늘날의 신자들이 신앙을 더 깊이 숙고하고 재구성할 수 있는 12개 조항을 자세히 설명했다. 그는 기독교인들을 계몽하고 새롭고 의미 있는 방식으로 신앙을 돈독하게 하기 위한 도전을 하라고 강조했다. 마지막 조항에서 그는 기독교를 강화할 수 있고 다음 세대를 위해서도 필요한 수정주의적 접근 방식을 다시 한번 제안했다. 그의 제안은 인류 사회의 패러다임(인식 체계)의 변화와 궤를 같이한다. 과학 기술의 발달로 인류의 삶의 패러다임이 변하여 전도의 문이 좁아지는 이때 전도의 문을 넓히려면 현대 인류의 지식 수준에 맞는 개혁이 절실히 요구된다.

그러나 교회의 개혁은 금방 되는 것이 아니고 오랜 시간이 걸린다.

그러면 '지금 자라나는 세대에게 복음을 전하려면 어떻게 해야 하는가' 하는 문제가 지금 당장 우리가 해결해야 할 당면 문제이다.

이 문제의 해결 방안의 하나로 처음으로 기독교를 접하는 사람들이 저항할 가능성이 있는 문제점을 발굴하여, 그 문제점을 해결하고, 그것을 통하여 과학은 종교와 같은 차원에서 보면 안 된다는 것을 인식하게 하는 것이 급선무라는 생각이 든다.

그럼 과연 불신자들이 기독교에 대하여 저항할 만한 문제에는 어떤 것이 있을까?

이 문제를 생각하다가 솔로몬의 말이 생각났다.

> 해 아래에는 새것이 없나니 (전 1:9).

신세대 젊은이의 물음도, 호기심이 많았던 내가 학생 시절에 가졌던 질문과 대동소이할 것이라는 생각이 들었다. 그 문제를 해결할 수 있는 답을 얻으면 그 문제가 해결될 것이라는 생각이 들었다. 내가 가졌던 질문의 중심에는 자연, 인간 그리고 하나님과 신앙이 있었다.

지구는 어떻게 이곳에 생겼는가?

지구에는 어떻게 생명체가 존재하는가?

인간은 진실로 하나님이 창조했는가?

과연 하나님이 존재하는가?

하나님은 진정 말씀으로 우주를 창조했는가?

생명체의 삶과 죽음의 차이는?

생명의 본질은 무엇인가?

인간의 올바른 삶은 어떤 삶인가?

인간은 왜 신앙을 가져야 하는가?

기독교는 왜 사랑의 종교라고 하는가?

어떻게 이웃을 사랑해야 하는가?

나는 이런 질문을 가지고 살다가 나 나름대로 답을 얻은 것을 메모지에 적어 두었다. 과학 문명의 발달과 사회의 패러다임의 변화로 인하여 성경의 기록을 이해하는 데 어려움을 겪을 수밖에 없는 젊은이들에게 겨자씨만 한 도움이라도 되기를 바라면서, 나의 경험을 적은 기록을 출판하기로 마음먹었다.

이 기록은 이미 잘 알려진 자연 현상과, 내가 가졌던 의문의 답을 얻은 것과, 연구실에서 연구하는 동안 연구 결과에 내가 가졌던 의문의 답을 얻은 조각들을 모아서 정리한 것이다.

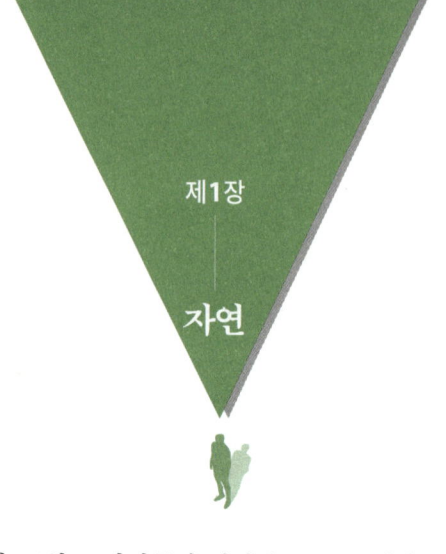

제1장 — 자연

2023년 11월 24일 조간신문의 기사를 보고 놀랐다. 그 기사는 현대 물리학 이론으로는 설명할 수 없는 초고 에너지 '우주선'(宇宙線, cosmic ray)이 두 번째로 포착되었다는 내용이었다. 이 우주선의 출처 또한 전혀 알 수 없는 '공허'(void)이어서 인류의 천문학적, 물리학적 한계를 보여 준다는 평가가 나왔다. 국제 '텔레스코프 어레이(Telescope Array) 공동 연구단'은 지난 2021년 포착된 우주선 입자의 에너지가 244EeV(엑사 전자볼트, 10의 18제곱 전자볼트)로 이론상 가능한 수치보다 다섯 배나 큰 것으로 분석했다고 한다.

학자들이 충격에 빠진 것은 이 우주선의 에너지 수준이 이론적으로 불가능한 정도이기 때문이다. 현대 물리학으로는 설명이 불가능한 미스테리라는 것이 기사의 내용이었다.

그 기사가 뉴스로 나오기 전에는 현대 과학 기술이 이전에 알지 못했던 많은 의문을 풀어 주었기 때문에, 어떤 사람들은 인간의 지혜가 신의 경지에 도달했다는 생각을 하면서 전능의 하나님이 설 자리가 없다는 주장을 하기도 했다. 그러나 지혜가 있는 과학자들은 아직도 우주 공간의 신비 가운데 인간이 아는 것은 5퍼센트 정도밖에 되지 않고 모르는 것이 95퍼센트라는 것에 동의한다.

아직까지 인간이 알고 있는 것은 미미하지만, 지금까지 알게 된 것과 새롭게 연구하여 알아낸 것들을 살펴봄으로 하나님과 자연과 인간에 대한 이해에 도움을 주고자 한다.

1. 지구환경의 신비

우리가 살고 있는 지구의 환경은 어떻게 지금과 같은 환경이 되었을까?

지금까지 알려진 바에 의하면 태양계 가운데 생명이 존재하는 행성(行星)은 우리가 사는 지구뿐이다. 이 행성에 물과 공기와 빛이 있기 때문에 생명이 살 수 있다.

물과 공기는 지구가 만들어질 때부터 있었거나 혹은 그 후에 어떤 자연환경 때문에 생겼을 것이지만, 빛은 지구가 만들어지는 순간부터 태양으로부터 왔다.

그 태양이 창세기 1장에 나온다.

> 하나님이 이르시되 하늘의 궁창에 광명체들이 있어 낮과 밤을 나뉘게 하고 그것들로 징조와 계절과 날과 해를 이루게 하라 또 광명체들이 하늘의 궁창에 있어 땅을 비추라 하시니 그대로 되니라 (창 1:14-15).

하나님께서 말씀으로 태양을 창조하여 지구를 비추게 하였다고 기록되어 있다. 이 태양의 빛은 창세기 1장 3절에 기록된 빛과는 다른 빛이다.

> 하나님이 이르시되 빛이 있으라 하시니 빛이 있었고 (창 1:3).

여기서 말씀하신 빛은 하나님께서 흑암 속에 계시다가 처음으로 창조한 빛이다.

그러나 과학에서는 빅뱅(Big Bang, 거대한 폭발)으로 태양과 별들이 만들어졌다고 주장한다. 그러나 그 빅뱅 이론도 아직 완성된 이론이 아니라는 것을 최근 블랙홀이 또 발견되었다는 기사를 보면 알 수 있다.

그 기사는 2024년 1월 18일 자 「조선일보」에 〈기존 이론 뒤집었다〉라는 제목으로 실렸다. 관측사상 가장 오래된 초거대 블랙홀을 새로 발견했다는 놀라운 기사이다. 그 기사 내용은 이렇다.

지금까지 발견된 것 중 가장 오래되고 멀리 떨어져 있는 블랙홀이 발견됐다. 이 블랙홀은 기존의 블랙홀 형성 이론과 맞지 않는 성질이 있어 초질량 블랙홀(supermassive black hole)이 우주 초기에 태양의 수백억 배에 달하는 질량에 도달한 방법을 이해하는 데 도움을 줄 수 있을 것으로 전망된다.

새로운 블랙홀은 우리 은하의 100분의 1 정도의 크기인 소형 은하 'GN-z11'에서 발견됐다. 블랙홀의 질량은 태양의 600만 배에 달하며, 현재 이론으로 추정한 지속 가능한 한계보다 다섯 배 더 빠르게 주변 은하 물질을 빨아들이고 있는 것으로 보인다. 블랙홀은 주변 물질을 빨아들이며 성장하는데, 새로 발견한 블랙홀은 현재 이론으로 계산하면 발달하는 데 10억 년가량 걸렸을 것으로 보이는 크기다. 문제는 이 은하가 빅뱅 이후 4억 년밖에 지나지 않은 시점에 있다는 것이다.

연구를 이끈 로베르토 마이올리노 교수는 "이 정도 크기의 블랙홀이 발달하기에는 너무 이른 우주여서 기존 이론과 다른 방식으로 형성됐을 가능성을 검토해야 한다"라며 "어쩌면 초기 우주는 가스로 가득 차 블랙홀에게는 뷔페와 같은 상태였을 수 있다"라고 했다.

태양으로부터 지구에 오는 복사열의 강도는 신기하게도 생물이 살기에 적당한 강도이다. 지구보다 태양에 더 가까이 있는 수성이나 금성에는 너무 뜨거워서 생물이 살 수 없고, 지구보다 더 멀리 있는 화성에는 너무 추워서 생물이 살 수 없다. 그러나 지구는 생물이 살 수 있는 적당한 거리에서 태양 주위를 돌고 있다. 지구와 태양과의 거리가 어떻게 적당하게 잡혀서 생물이 살 수 있는 환경이 되었는지 신비롭다. 지구와 태양의 거리뿐만 아니라 지구가 태양을 도는 궤도가 타원형인 것 또한 신기하다. 스티븐 호킹(Stephen Hawking) 박사는 그의 『위대한 설계』(The Grand Design)라는 책에 이렇게 기록했다.

> 지구는 신비할 정도로, 생물이 살 수 있게 온도 조절을 적당하게 할 수 있는 비정상적인 궤도를 돌고 있기 때문에 생물이 살 수 있다.

그래서 지구에는 사계절이 있고, 열대 지방, 온대 지방, 한대 지방 같은 다양한 기후 조건에서 생물이 살 수 있다. 지구가 태양의 주위를 도는 궤도가 원이 아니고 타원형인 것도 '사차원 세계'(삼차원의 공간에 시간을 가한 세계)를 인식하는 인간의 수준으로는 이해할 수 없는 신비한 현상이다. 과학이 더 발달하고 인간의 인식 수준이 더 넓어지지 않고는 이해할 수 없는 미스테리다.

또한, 수억만 년 동안 끊임없이 비춰 오는 태양 빛은 다 어디로 가고 어떻게 사라지는가?

이런 것도 궁금하다.

2. 배경 복사의 법칙

지구상에 비치는 빛의 시발점은 태양이다.

태양에서 출발하여 지구에 도달한 빛은 지구에 닿은 다음 어떻게 되는가?

이 빛의 행방에 대하여 물리학에서는 배경 복사의 법칙으로 설명한다. 빛 자체가 에너지이기 때문에 질점(質點, 물체의 크기를 무시하고 질량이 모여 있다고 보는 점)에 조사(照射, 빛이 내리쬐어짐)되면 모든 질점은 운동을 시작한다. 이렇게 운동을 시작한 질점은 그 에너지의 일부를 새로운 빛을 생성하는 데 사용한다. 이 새로운 빛은 다른 질점에 작용하여 다른 질점을 운동시키고 이 운동으로부터 제3의 새로운 빛이 생성된다.

이러한 과정은 빛이 최초에 생성된 이후 수없이 반복되며, 반복할수록 긴 파장의 빛으로 변하게 되고, 그만큼 빛의 에너지 준위는 떨어져서 약화된 빛으로 변한다.

이런 과정을 수없이 거치는 동안 빛은 공간에 고른 분포로 퍼지게 된다. 이는 곧 공간에 골고루 퍼진 배경 복사열로 남게 된다. 그래서 빛이 최초에 발생한 이래 질점에 조사되어 새로운 빛의 발생 파징을 수없이 거치는 동안 파장이 길어지고 에너지 준위가 낮아져 복사열 효과로 나타나는 약화된 빛의 총칭을 배경 복사광이라 한다.

이런 면에서 우주 공간에 가득 찬 우주 배경 복사광의 양은 곧 우주의 체온이라 할 수 있으며, 우주 배경 복사의 강약에 따라 우주가 보다 팽창되고 수축됨으로써 우주 전체는 안온한 동태적 균형을 이루게 된다. 이런 광(빛)에 대한 물리적 기본 원리는 빛이 지속적으로 높은 에너지 상태에서 낮은 에너지 상태로 변하고 있다는 것이다. 그 결과 지금의 지구환경을 이루게 되었다. 이런 현상을 엔트로피(entropy, 열의 이동과 더불어 유효하게 이용할 수 있는 에너지의 감소 정도를 나타내는 양)의 증가 현상이라고 한다.

3. 엔트로피의 증가

열역학 제2법칙은 이렇다.

> 자연계와 그 주위의 엔트로피, 즉 우주의 엔트로피는 그 온도와 압력하에서 평형에 도달하여 엔트로피가 최대치에 도달할 때까지 계속 증가한다.

위에서 이미 살펴본 배경 복사의 법칙에서 빛에 엔트로피의 극대화 현상이 일어난다는 것을 알 수 있다. 이와 같은 현상이 물질의 세계에서도 일어난다. 자연계는 처음 생성된 상태에서 엔트로피가 증가함으로 점점 무질서한 방향으로 이행한다. 쉬운 예로 지구가 생긴 이후로 산은 시간이 경과함에 따라 처음 생겼을 때보다 민둥산으로 변하며, 마지막에는 평지를 이루게 되는 방향으로 변해 가고 있다.

이 현상은 자연적으로 일어나는 현상이다. 외부에서 어떠한 힘이 작용하지 않는 한 평형을 이룰 때까지 지속적으로 이행되는 현상이다.

이 현상의 정반대 방향으로 힘이 작용하면 자연은 처음 생성될 때의 원래의 모습으로 복구될 것이다. 그러나 그런 힘이 작용하려면 반드시 에너지가 필요하다. 마치 평지를 다시 산으로 만들려면 기계나 사람의 힘으로 평지의 흙을 파서 쌓아 올려야 하는 것과 같다. 이때 사람의 힘을 이용하려면 사람이 땀을 흘리며 일을 해야 하고, 기계를 사용하려면 에너지가 필요하다.

이와 같이 자연계는 외부에서 힘이 작용하지 않는 한 엔트로피가 증가하는 방향으로 진행된다. 이것을 다른 말로 바꾸어 말하면, 자연은 어떤 특별한 힘을 가하지 않는 한 무질서한 방향으로 변화가 일어나 마지막에는 평형에 도달한다고 할 수 있다.

평형에 도달한 상태에서는 더 이상 변화가 일어날 수 없고, 그 상태에서 정지하게 된다. 이 상태는 물리학적으로 안정된 상태이고 더 이상 변할 수 없어 죽음의 상태라고 할 수 있다.

4. 변화하는 에너지

　지구를 비춰 온 빛의 또 다른 행방은 식물의 엽록소이다. 거기서 에너지로 저장된다. 이 에너지의 최초의 근원지는 태양이다. 태양은 끝없이 일어나는 핵융합 반응에 의하여 빛을 발하고, 그 빛이 지구에 도달하면 지구에 사는 식물이 엽록소를 통하여 탄소 동화 작용(식물이 공기 중의 이산화탄소와 뿌리에서 흡수한 물로 잎의 엽록체 안에서 빛 에너지를 이용하여 탄수화물을 만드는 작용)을 일으켜 태양의 빛 에너지를 화학 에너지로 변화시켜 저장한다.

　이렇게 저장된 에너지 중에 분자에 저장된 에너지는 결합하거나 분해하는 화학 반응에 의하여 에너지를 방출할 수도 있고, 또 다른 화학적 변화를 일으켜 다른 형태의 에너지로 변할 수도 있다. 그 대표적인 예가 음식물을 소화하여 얻은 에너지가 생명을 유지하는 에너지원이 되는 것이다.

　물리학에서는 에너지를 '일할 수 있는 능력'이라고 정의한다. 자연계의 에너지는 열, 전기, 복사선 그리고 화학 에너지 등 여러 가지 형태로 존재한다. 이들 각각 다른 형태의 에너지는 서로 변환될 수 있다.

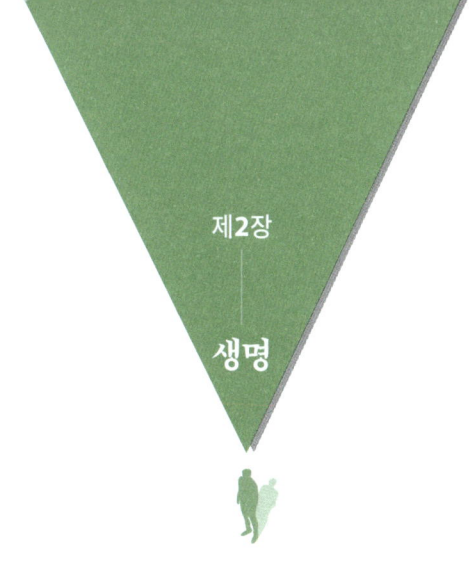

제2장 생명

1. 생명의 기원은?

오랜 세월 동안 인류가 풀려고 애를 썼으나 아직도 풀지 못한 숙제 중의 하나가 생명의 기원이다.

진화론자들은 무기물(생명을 지니지 않은 물질)에서 우연히 유기물(생체를 이루는 물질)이 생겨나고, 유기물에서 단세포 생물, 수중 생물, 무척추 동물, 척추 동물, 포유류로 진화하여 마지막 단계에 인간으로 진화했다고 주장한다. 그러나 이런 진화론은 과학적으로 이해할 수도, 설명할 수도 없는 많은 문제점을 가지고 있다.

기독교에서는 하나님의 말씀으로 우주와 생물과 인간이 창조되었다고 한다. 인간의 인식 한계를 넘어서고, 과학적인 논리로는 설명할 수 없는 초월적 존재인 하나님이 생명을 창조하였다고 믿고 있나.

후자는 그렇게 믿는 믿음으로 끝나지만, 전자는 과학 기술의 발달로 인간의 인식 범위가 점점 넓어지면서 생명 현상에 대하여 점진적으로 이해를 넓혀 왔다. 지난 반세기 동안 컴퓨터와 통신 기술의 발달과 생명 과학의 급속한 발달로 이전에는 감히 풀 수 있다고 생각할 수도 없었던 많은 문제를 해결할 수 있어서, 인류는 이전에 가졌던 많은 의문에 대하여 해답을 얻었고 지금도 얻어 가고 있다.

특히, 디엔에이(DNA)와 단백질 합성 그리고 세포에 관한 많은 정보를 얻어 생명 현상에 대한 의문도 조금씩 풀리고 있다. 아직도 가야 할 길은 아득히 멀지만, 이미 생겨난 생물이 어떻게 생명을 유지하는가 하는 의문에는 과학적으로 답을 얻었다.

2. 생명과 에너지

생명이 있는 개체가 그 생명을 유지하기 위해서는 반드시 에너지가 필요하다. 앞에서 이미 언급한 바와 같이 식물은 탄소 동화 작용을 통하여 태양에서 오는 빛 에너지를 저장하고, 인간은 그 식물이 저장하고 있는 에너지를 소화기관을 통하여 분해하여 생명을 유지하는 데 필요한 에너지로 사용한다.

분자 수준에서 에너지는 어떻게 생명을 유지하는가?

앞에서 이미 언급한 바와 같이 자연계는 엔트로피가 증가하면서 무질서(정확하게는 무작위적으로 상태가 균일화되는 것)한 상태로 이행되면서 안정된 상태로 가고 있다. 최대의 안정된 상태가 되면 활동을 정지하게 되고, 이때 자연계는 죽은 상태에 이른다.

이런 과정을 등산에 비유하면 산을 내려갈 때는 지구 중력에 의하여 저절로 내려가는 것과 같이, 자연계는 자연 그대로 두면 엔트로피가 증가하는 방향으로 변화가 일어난다. 반대로 산을 올라갈 때는 중력보다 더 큰 힘이 중력을 거슬러 작용하여야 산을 오를 수 있다. 즉, 안정화되는 힘의 반대 방향으로 일을 하게 하려면 에너지가 필요하다.

이와 같이 생명을 유지하려면 분자의 질서를 유지하는 데 에너지가 필요하다. 살아 있는 생명체의 모든 기관(organ)은 정연한 구조를 유지해서 그 기관의 독특한 기능을 발휘하여 생명을 유지할 수 있다. 기관을 이루고 있는 분자들이 무질서하게 되는 것을 거슬러 질서를 유지하는 데 에너지가 쓰인다. 생명체에도 엔트로피의 증가와 감소의 두 개의 다른 방향의 힘이 작용하는 것이다.

이 두 개의 다른 힘을 삶과 죽음으로 표현하면, 엔트로피의 증가는 죽음으로 가는 길이고 엔트로피의 감소는 생명으로 가는 길이라고 할 수 있다. 산 위로 올라가는 데 에너지가 필요하듯이 생명을 유지하는 데는 에너지가 필요하다.

그러면 이때 사용되는 에너지는 어떻게 생명을 유지하는 데 쓰이는가?

이 질문의 답은 분자 수준의 생명 현상을 살펴보면 이해할 수 있다.

3. 분자 수준의 생명

1) 분자 구조와 엔트로피

생명이 살거나 죽는 현상과 에너지는 어떤 관계가 있는가?

자연 현상을 분자 수준에서 관찰해 보면, 생명이 있는 분자도 엔트로피의 극대화 현상이 일어나면서 생명이 없는 분자 상태로 이행하고 있다는 것을 알게 된다. 그러나 동일한 분자에 필요한 에너지를 공급하면, 생명을 잃어 가는 속도가 늦춰지거나 정지되어 분자가 다시 살아나는 것을 시험관 안에서 볼 수 있다. 공급한 에너지가 엔트로피가 감소하는 방향으로 분자에 작용하기 때문이다.

살아 있는 생명체에 에너지를 공급하면 질서 있게 살아 있는 분자가 되지만, 그렇지 않으면 생명체를 구성하는 분자가 무질서하게 되면서 생명을 잃게 된다. 이런 현상을 삶과 죽음으로 표현하면 이렇게 말할 수 있다.

"무질서는 죽음이고, 질서는 삶이다."

"생명은 정돈된 상태이고, 죽음은 혼돈 상태이다"라고도 말할 수 있다. 자연계에는 생명에서 죽음으로 가려는 힘이 작용하고 있다. 자연계에서는 엔트로피가 증가하기 때문이다. 그냥 두면 모든 것은 죽음으로 간다. 생명을 유지하려면 끊임없이 에너지를 공급해야 한다.

이 현상을 인간의 삶과 연관하여 표현하면 이렇게 말할 수 있다.

"일하면 살고, 게으름을 피우면 죽는다."

"운동하면 건강하고, 누워 있으면 병든다."

그래서 인간은 일하며 살아야 하고, 일하는 것에 재미를 들이면 즐거운 인생을 살 수 있다. 에덴동산에서 선악과를 따 먹은 아담에게 하나님이 내리신 일해야 먹고살 수 있는 벌도, 고통을 주려는 벌이 아니라 일해서 건강을 유지하라는 축복의 벌이라는 생각이 든다.

'그러면 에너지는 어떻게 생명이 있는 분자를 만드는가?'

이런 의문이 생긴다.

2) 생명 있는 분자의 구조

오랫동안 생명의 최소 단위로 알려져 있던 세포의 내부를 좀 더 자세히 들여다보면 생명을 가진 다양한 대분자들로 구성되어 있음을 알게 된다. 이런 분자들은 단백질을 어떤 구조로 합성할 것인가 하는 정보를 가진 디엔에이(DNA)로부터 메신저-알엔에이(m-RNA)를 복제한 후 리보솜(ribosome, 세포질 속에 있는 작은 알갱이)에서 단백질을 합성한다.

이 사슬 모양의 단백질이 골지체(Golgi體, 세포질 속에 있는 막)를 통과하는 동안, 이 단백질의 특성을 가진 4차원 구조를 형성하며 특수한 기능을 하는 분자로 만들어진다. 이러한 정교한 단백질 분자의 합성물에서 과학자들은 첨단 기술을 이용하여 세포 안에서 만들어진 분자들을 분리하여 분자의 구조의 변화를 알아낸다.

건축 재료로 사용되는 벽돌과 같이 단백질 합성에 사용되는 20개의 아미노산 분자들은 원래 생명이 없는 분자이다. 이들이 세포의 핵 속에 들어 있는 유전자의 정보에 따라 리보솜 안에서 4차원 구조를 가진 생명 있는 단백질 클러스터(cluster, 단위체)를 형성함으로 새로운 기능을 가진 분자로 탄생한다.

여러 종류의 단백질 클러스터 가운데 효소에는, 살아서 고유의 기능을 가지고 있다는 것을 알아보기에 용이한 분자가 많다. 효소 중에 소듐-포타슘-에이티피에이스(Na-K-ATPase)라는 효소의 구조는 3차원 구조를 바탕으로 한 4차원 구조이다.

이 분자의 구조는 엑스선 투시(X-ray crystallography)를 통하여 알 수 있으며 생명이 있고 없는 것은 효소의 기능을 시험하여 보면 알 수 있다.

이 특수 기능을 가진 효소는 일정한 기간 동안 방치하면 4차원 구조가 깨어지고 효소의 기능도 잃게 된다. 그러나 이 효소가 필요로 하는 에너지를 공급하고 그 효소가 살아 있기에 적합한 환경을 만들어 주면 그 효소의 생명은 연장된다. 즉, 4차원 구조를 유지하는 데 필요한 에너지를 공급해야 살아 있다.

에너지 공급이 중지되면 효소는 죽는다. 죽은 효소는 원래 살아 있을 때 가지고 있던 4차원 구조가 깨어지고 3차원 구조나 2차원 구조로 변한다. 단백질의 4차원 구조에서 3차원 또는 2차원 구조로 변하는 것도 엔트로피가 증가하는 현상이다.

3) 화학 에너지가 생명으로

위에서 언급한 바와 같이 아미노산으로 구성된 단백질 분자는 2차원, 3차원 또는 4차원 구조로 변함에 따라 살아 있는 분자가 되기도 하고 기능을 잃어버린 분자가 되기도 한다.

이런 분자 수준의 상태 변화를 소듐-포타슘-에이티피에이스(Na-K-ATPase)라는 효소를 이용하여 시험해 볼 수 있다. 이 효소는 세포막에 자리 잡고 있는 효소이며, 소금의 농도가 낮은 세포 안에서 농도가 높은 세포 밖으로 나트륨 이온(Na^+)을 퍼내서 세포의 생명을 유지하는 효소이다.

이 효소가 나트륨 이온을 세포 밖으로 퍼내는 동안 이 분자의 화학적 변화와 구조의 변화가 일어나는 것을 실험을 통하여 알 수 있다. 3차원 구조 상태의 이 효소에 에이티피(ATP, 아데노신에 3분자의 인산이 결합한 것으로 생체 내 에너지의 저장과 운반 등을 중개하는 물질)를 가하여 인산화하면 높은 에너지 상태의 4차원 구조로 변한다.

이 분자가 나트륨 이온을 세포 밖으로 퍼낸 후에는 다시 낮은 에너지 상태의 3차원 구조로 돌아간다. 또다시 나트륨 이온을 퍼내는 기능을 하려면 에이티피를 이용하여 이 낮은 에너지 상태의 분자가 다시 인산화되어 높은 에너지 상태의 분자 구조로 변화되어야 한다.

즉, 낮은 에너지 상태에서 높은 에너지 상태로 변화되기 위하여서는 분자 내의 인산화를 위한 화학적 변화를 일으키는 것이 필수적이다. 분자의 인산화를 위한 화학적 변화에 의하여 분자 내에 에너지가 축적되고, 이렇게 축적된 에너지는 분자의 구조를 높은 에너지 상태의 4차원 구조로 만든다.

이 4차원 구조를 가진 분자는 높은 에너지 상태이므로 에너지를 방출하고 안정된 상태의 분자로 가려는 힘을 가지게 된다. 이 힘을 세포 안의 나트륨 이온을 낮은 농도에서 높은 농도 쪽으로 퍼내는 데 작용하는 힘으로 사용한 후 안정된 분자 상태로 되돌아간다.

이런 과정은 화학적인 반응에 의하여 생성된 에너지가 분자 안에서 높은 에너지 상태의 힘을 만들어 내고, 그 물리적인 힘은 다시 나트륨 이온이 농도를 역행하여 움직일 수 있는 힘으로 작용하는 특이한 자연 현상이다. 이 효소가 그런 일을 함으로 세포는 생명을 유지한다.

이런 사실로 보아 엔트로피의 증가 현상은 살아 있는 효소의 분자 안에서도 적용되고 있다는 것을 알 수 있다. 효소가 생명을 유지하기 위해서는 엔트로피를 최소화하는 방향으로 일해야 하며, 그 일을 하는 힘은 에이티피 분자에서 공급받는다. 즉, 에이티피 분자는 효소 분자에 에너지를 공급한 후 에이디피(ADP, 아데노신에 2분자의 인산이 결합한 것)로 변하면서 화학적인 반응을 통하여 이 분자에 생명력을 공급한다.

이 모든 단계를 종합하면, 생명을 유지하기 위해서는 일정한 규칙의 질서가 있어야 한다는 것을 알게 된다. 이 원리를 인간의 삶에 적용하면 '어떻게 살아야 죽음으로 가지 않고 삶의 길로 갈 수 있는가' 하는 근본적인 문제의 답을 얻을 수 있다.

인간은 살아 있는 동안에는 자신이 갈 길을 선택하며 살아가기 때문에 어떤 길을 선택하느냐에 따라 생명을 얻을 수도 있고 잃을 수도 있는 존재다. 그래서 인간의 삶과 죽음은 자신이 선택하는 것이라고 할 수 있다.

그런데 인간의 삶도 엔트로피가 증가하는 자연계에 속해 있으므로 그 원리가 적용될 수밖에 없다. 인간은 나태한 본성을 가진 존재이다. 가만두면 게을러서 일하지 않고 죽음의 길(악)로 기울어지는 본성을 가졌기 때문에, 본성 그대로 두면 죽음의 길로 가게 되어 있다.

이런 본성을 극복하여 살게 하려면 일하도록 독려하며 죄의 길로 들어가지 못하게 하는 힘이 필요하다. 그래서 하나님을 두려워하는 마음가짐이 죄의 길로 들어가지 않게 하는 힘으로 작용할 수 있다.

자연계 안에 있는 모든 것은 엔트로피가 커지는 현상을 스스로 극복할 수 있는 힘이 없다. 엔트로피가 극대화하는 자연계의 힘을 조절하려면 자연계의 영역을 초월한 힘이 있어야 한다. 인간은 자연계에 속한 육체와 정신의 힘만으로는 게으르고 죄짓고 싶은 마음을 온전히 다스릴 수 없다. 그래서 자연계 밖의 힘, 즉 자연계에 속하지 않는 절대자의 힘이 필요하다.

정신은 육체 안에 있는 신경 계통의 일부이기 때문에 자연계에 속해 있지만, 영혼은 정신과는 별개로 육체와는 독립된 활동을 하는 마음의 실체라고 보면 자연계에 속하지 않는 자유로운 존재라고 할 수 있다. 컴퓨터를 예로 들면, 하드웨어(기계의 몸체)와 운영 체제는 육체와 신경에 해당하고, 컴퓨터에 설치하여 일을 하게 하는 소프트웨어(프로그램)는 영혼에 해당한다고 할 수 있다.

이 프로그램을 개선하여 기능을 강화시키면 온갖 일을 할 수 있는 것과 같이, 인간의 영혼도 자신의 영적 힘이 모자라면 신의 도움을 받아 생명의 길로 갈 수 있을 것이다.

4) 생명의 원초적 힘은 어디서 오는가

앞에서 언급한 바와 같이 생명이 있는 분자는 생명이 없어지는 방향(엔트로피의 증가)의 반대 방향으로 작용할 수 있는 에너지를 공급해야 생명을 유지할 수 있다. 즉, 생명을 유지하려면 엔트로피가 감소하는 방향의 힘이 작용해야 한다.

작은 분자는 온도나 그 분자의 밀도와 같은 외부 환경에 맞는 단순한 '브라운 운동'(Brown 運動, 액체나 기체 안에서 떠서 움직이는 미소 입자 또는 미소 물체의 불규칙한 운동)을 하는데, 그 분자의 화학적 활성도에 따라 운동성과 반응성이 결정된다. 반면에 분자량이 큰 분자, 특히 생명체 안에서 특수 기능을 하는 생명이 있는 분자는 생명 활동을 하기에 적합한 구조를 가지고 있다.

그러나 디엔에이(DNA)나 알엔에이(RNA) 같은 핵산 분자나 소듐-포타슘-에이티피에이스(Na-K-ATPase) 같은 단백질은 세포 안에서 생명이 있는 분자가 되려면 일정한 질서를 유지하는 분자 구조를 가져야 한다.

그런데 효소처럼 기능하는 대분자는 자연계에 존재하는 아미노산으로 만들어진 사슬 모양의 펩타이드(peptide, 아미노산이 두 개 이상 있고 물 분자를 잃으면서 축합하여 이루어진 화합물) 덩어리이다. 이 펩타이드는 핵 속의 디엔에이로부터 복사한 티-알엔에이(t-RNA)의 정보에 따라 세포 안의 리보솜(ribosome)에서 만들어진다.

이 대분자의 기본 단위인 알파-힐릭스(alpha-helix)나 베다-시드(beta-sheet)와 같은 펩타이드 사슬은 독특한 구조를 가진 20개의 아미노산이 결합하는 순서에 따라 그 분자의 모양이 결정된다.

이렇게 만들어진 여러 개의 알파-힐릭스나 베타-시트는 다시 가장 효과적인 방법으로 기능을 하는 분자의 3차원과 4차원 구조로 겹쳐져서, 그 분자 고유의 기능을 가진 분자가 된다.

  이런 특수한 구조를 가지도록 하는 힘은 아미노산의 종류와 결합하는 순서에 따라 결정되는데, 그 아미노산의 배열 순서에 대한 정보는 디엔에이 안에 들어 있다.

  이 디엔에이 정보는 어떻게 만들어졌는가?

  과학적으로는 이런 생명이 있는 분자는 우연히 수없이 만들어진 많은 분자 가운데서 가장 잘 만들어진 것이 계속 살아 있는 상태라고 한다. 이에 반하여 종교계에서는 생명이 있는 분자는 정확한 설계를 통한 아미노산의 배열에 따라 만들어졌다고 믿는다. 즉, 모든 생명은 신의 계획과 설계에 의하여 만들어졌다고 믿는다.

  또 다른 생명 현상으로는 단백질 분자 중에 생명이 없던 단순한 분자가 다른 어떤 분자와 합해짐으로 생명이 있는 분자로 변하는 것을 볼 수 있다. 다시 말하면, 두 분자가 따로 있으면 생명이 없다가 두 분자가 합쳐지면 생명이 있는 분자로 변한다는 것이다. 또한, 생명이 없던 분자에 다른 물질을 가하면 생명이 있는 분자로 변하고, 그와 반대로 생명이 있는 분자로부터 어떤 물질을 제거하면 생명이 없는 분자로 변하기도 한다. 이런 현상은 소듐-포타슘-에이티피에이스 효소의 활성도 실험을 통하여 확인할 수 있었다.

앞에서 설명한 모든 생명 현상을 종합해 보면, 생명을 이루는 힘은 아주 작은 분자의 배열 순서와 분자 간의 결합에서 시작된다는 것을 알 수 있다. 즉, 아미노산의 배열이나 분자의 상호 결합에 따라 살아 있는 분자가 된다.

그러면 분자의 배열이 곧 생명이 있는 분자가 되는 결정적인 요소라는 것을 알 수 있다. 살아 있는 분자가 되려면 계획된 분자 배열이 있어야 한다. 그래야 생명이 시작된다. 이런 현상으로 보아 생명체는 계획된 청사진으로 만들어졌다고 믿는 것이 더 합리적이다.

5) 생체 내의 에너지 생성

대분자들이 생명을 유지하기 위한 에너지는 어떻게 공급되는가?

식물의 엽록소에서 만들어진 탄수화물은, 탄소 동화 작용에 의해서 탄소와 수소가 태양 에너지의 힘으로 화학 에너지로 저장된 상태이다.

동물은 식물을 먹고 탄수화물을 분해하여 생명을 유지하는 데 필요한 에너지를 얻는다. 이 과정에는 여러 단계의 대사 과정이 있는데 그중의 마지막 단계에서 에이티피(ATP)를 생성하는 과정은 미토콘드리아(mitochondria, 세포 속에 들어 있는 소시지 모양의 알갱이로 세포의 발전소와 같은 역할을 하는 작은 기관)의 내부 막에서 일어난다.

즉, 전자(electron)가 연쇄적으로 일련의 정해진 분자를 거쳐 움직여 가는 동안 막의 양쪽에 형성된 양이온의 농도 차이에 의하여 생긴 힘(transmembraned electrochemical proton gradient)에 의하여 에이디피(ADP)와 인 분자(Pi)가 결합하여 에이티피(ATP)를 합성한다. 이때 만들어진 에이티피 분자의 높은 에너지 결합은 분해할 때에 7.4킬로칼로리나 되는 많은 에너지를 방출할 수 있는 결합이다.

이렇게 만들어진 에이티피는 심장을 뛰게 하는 일, 호흡을 하도록 근육의 수축과 팽창을 하게 하는 일 등 생명을 유지하는 데 필요한 일을 하는 에너지로 바로 사용될 수 있는 물질이다.

여기서 우리는 식물 에너지(탄수화물)를 동물이 먹어서 소화시키고 내부에서 필요한 에너지 형태로 변환시켜 사용하고 있다는 사실과, 탄수화물에 저장된 에너지가 대사의 최종 단계에서 에이티피와 같은, 생명을 유지하는 데 쓸 수 있는 에너지 형태로 바뀌는 동안 수많은 효소(대분자 생명체)가 이 과정에 관여하고 있음을 알 수 있다.

또한, 이온 농도의 차이에 의하여 생긴 물리 화학적 에너지(chemical potential energy)가 화학 변화를 일으키는 힘을 가지고 있어, 그 힘이 새로운 형태의 에너지(ATP, 화학 에너지)로 변하였다는 사실도 알 수 있다.

이런 일련의 반응이 일어나는 과정은 정교하다.

'이런 정교한 화학적 반응이 우연히 이루어질 수 있는가?'

이런 의문이 생긴다. 그래서 아직까지 인간은 초능력을 가진 신의 존재를 부인할 수 없다.

4. 개체 생명

1) 세포 수준의 생명

오랫동안 생명의 최소 단위는 세포라고 알려져 왔다. 그러나 분자생물학의 발전으로 말미암아 세포를 구성하는 수많은 대분자 물질이 세포보다 작은 생명의 기본 단위 물질이라는 사실을 알게 되었다.

수많은 대분자는 세포의 각 부분에서 그 고유의 기능을 발휘하여 단위 세포의 생명을 유지하는 데 고유한 역할을 한다. 이 대분자들은 각각 생명을 가진 단위 분자로서 분자 자체의 생명이 살아 있어야 세포 안에서의 그 기능을 다하게 되며, 그렇게 함으로 단위 세포는 살아 있는 생명체가 될 수 있다.

그런 분자들 가운데는 효소와 같은 특수 기능을 가진 분자가 많다. 앞에서 언급한 소듐-포타슘-에이티피에이스라는 효소는 세포가 살아 있기 위하여 세포 안의 나트륨 이온의 농도를 낮게 유지하는 데 결정적인 역할을 하는 효소이다. 이와 같이 특수하고 다양한 기능을 가진 단위 분자들이 각각의 임무를 수행함으로써 이들 분자들의 조화에 의하여 하나의 세포가 살아 있게 된다. 즉, 세포의 생명은 분자 수준의 생명의 종합적인 기능의 조화로 이루어진 생명이다. 세포의 생명은 효소의 생명보다는 높은 차원의 생명이다.

세포의 생명에도 앞에서 언급한 엔트로피의 극대화 현상이 작용하고 있다. 그 대신 살아 있는 세포에는 엔트로피의 최소화를 위한 힘이 에너지를 써 가며 작용하고 있다. 만약 이 평형이 깨어지면 그 생명체에는 이상이 생기게 된다. 엔트로피의 극대화 현상이 일어나면 생명을 잃게 되고, 엔트로피가 적어져서 분자가 정돈되면 세포는 살아 있게 된다. 생명이 살아가는 데는 이 두 현상의 조화가 필요하다. 늙은 세포는 죽고 새로운 세포가 만들어져 생명이 유지되고 있다.

그런데 여기서 중요한 점은 이들 분자나 세포들이 어떻게 이렇게 정연하게 배열되고 조화를 이루어 생명을 유지하는가 하는 것이다. 이 문제는 인간이 아직도 알지 못하여 의문으로 남아 있다.

그래서 한 부류는 초월적 힘에 의하여, 계획된 설계에 의하여 생명이 조절된다고 생각한다. 그 초자연적 힘을 가진 하나님을 믿는 것이 곧 종교적 신념이다.

또 다른 하나의 가능성은 과학적 설명이다. 한 부류는 환경에 의하여 자연적으로 우연히 생겨난 분자와 세포들이 그 환경에 적응하여 생명이 살아 있는 것이라고 설명한다.

후자의 경우에는 수많은 화학 물질이 만들어지고 없어지는 동안 생명이 우연히 생겨난다고 생각한다. "그러면 그 우연은 어떻게 생기는가"라는 질문에 대한 답은 없다. 전자의 계획된 설계란 종교에서 말하는 신의 섭리일 것이고, 후자의 환경에 의한 우연은 물리학적 현상이라고 볼 수 있겠으나 그 우연 자체도 신의 섭리일지 모른다.

2) 기관(organ) 수준의 생명

우리의 몸에는 여러 가지 다른 기능을 가진 기관이 있다. 그 각각의 기관은 개체의 생명을 유지하기 위하여 독특한 임무를 수행한다. 각 기관은 다양한 기능을 가진 분자들로 이루어진 여러 종류의 세포로 이루어져 있다.

예를 들면, 심장의 각 부위에 존재하는 세포와 근육은 부위마다 독특한 기능과 특성을 가진다. 심장의 동방결절, 방실결절 같은 부위는 심장의 박동 수를 조절하는 특수한 세포의 집단으로 이루어져 있다. 이와 같이 독특한 부위가 가진 기능은 한 개체가 생명을 유지하는 데 필요한 기능이다. 이와 같은 수많은 다른 기능을 하는 기관이 합하여 심장의 역할을 한다.

그리하여 심장은 펌프 역할을 하며 혈액을 통하여 산소와 영양을 신체의 각 부위에 골고루 보낼 수 있다. 이런 점에서 볼 때에 심장은 각 개체의 생명을 유지하기 위해서 없어서는 안 될 중요한 기관이며, 이것이 기능을 잃으면 개체는 생명을 잃게 된다.

여기서 우리는 기관의 생명은 세포의 생명과는 상당히 다른 의미의 생명이란 것을 알 수 있다. 기관의 생명은 세포의 생명보다 더 높은 차원의 생명이다. 다시 말하면, 기관의 생명은 한 개의 세포나 한 개의 대분자가 가지고 있는 생명과는 다른 차원의 생명이다. 소집단(세포)이 모여서 대집단(기관)을 형성하면, 이 기관에는 이전에 없었던 새로운 기능을 하는 새로운 힘이 생성된다. 이 힘은 이전에 없었던 새로운 힘으로서 이 기관을 살아가게 하는 생명력이다.

3) 개체 생명의 탄생

지구상에는 단세포 생물에서부터 아주 복잡한 고등 동물, 그중에서 최고의 고등 동물인 사람에 이르기까지 다양한 수준의 생명체가 있다. 단세포 생물이나 아주 간단한 기관을 가진 동물은 비교적 단순한 몸체를 가진다. 그러나 고등 동물로 올라갈수록 각 개체가 가진 기관은 좀 더 복잡하다.

고등 동물 중에서도 포유류의 경우에는 세포 하나하나가 일정한 질서를 유지하며 배열되어 하나의 기관을 만들고, 이렇게 이루어진 각 기관, 즉 심장, 소화기, 콩팥, 내분비 기관, 자율 신경계 및 중추 신경계를 비롯하여 귀, 눈, 코, 입 등의 감각 기관들이 각각의 기능을 발휘하면서 추가로 상호 연합하여 그 개체가 상급의 생명체가 되어 한 개체의 생명이 이루어진다.

이렇게 이루어진 개체는 완전히 다른 차원의 생명체이다. 이 생명체는, 그 생명체가 살아가면서 각각 다른 기능을 하는 기관과 상호 작용을 하면서 상호 간의 조절이 가능한 개체이다.

이 개체의 생명을 유지하기 위한 조절 기능을 하는 중심부는 뇌이다. 뇌는 중추 신경을 통하여 각 기관의 기능을 조절한다. 그리하여 한 개체가 생명을 유지하는 데 필요한 최적의 상태를 유지한다.

고등 동물로 올라갈수록 뇌의 발달이 두드러진다. 하등 동물과는 달리 먹이를 구하거나 경쟁자와 싸움을 할 때도 머리를 쓸 줄 안다. 그리하여 먹이도 쉽게 구하게 되고, 경쟁자와의 싸움에서 승자가 되며, 종족을 보존하는 데도 우위를 차지하게 된다. 그보다 더 상위 차원의 뇌 활동을 할 수 있는 동물은 기억력이 있고, 그 기억력을 통하여 먹이를 구하는 데도 다른 하급 동물보다 우위를 차지한다.

가장 두뇌가 발달한 인간의 경우에는 두뇌를 써서 목축을 하고 농사를 지어서 먹을 것을 준비하고, 자기의 생명을 보존하는 데 고차원의 응용력을 발휘한다. 또한, 문자를 만들어 경험과 역사를 기록으로 남겨 이전의 기술을 다음 세대에 전수할 줄도 안다. 그 기록을 통하여 다음 세대의 사람들은 자기가 경험하지 않은 것도 배우게 된다.

인간은 남는 시간을 다시 새로운 것을 개척하는 데 사용하는 능력을 가지고 있다. 또한, 예술 활동을 하여 삶을 재미있고 아름답게 만들어 낼 줄도 안다. 더 나아가서는 영적 세계를 볼 수 있는 능력도 있다.

4) 삶과 죽음의 정의

삶과 죽음에 관한 정의는 의술의 발달 정도에 따라 다르게 내려져 왔다. 호흡이 끊어지면 죽었다고 판단하던 견해가 오랫동안 지속되어 왔으나, 과학 기술의 발달로 호흡을 기계에 의존하여 계속 연장할 수 있게 됨으로 호흡의 유무는 죽음의 기준이 될 수 없게 되었다.

그래서 나온 것이 심장이 멎으면 죽음으로 정의하는 견해이다. 그러나 멎은 심장을 다시 뛰게 하는 기술도 발달함으로, 이것을 기준하여 죽음을 정의하기에는 부적절하게 되었다.

심장 활동의 유무에 따라 생사의 판정이 달라지는 것은 낙태가 합법인가 위법인가의 사안과도 관련이 있다. 선진국에서 낙태 가능 시기를 임신 12주 이내로 정한 이유는 그 기간에는 아직 심장이 뛰지 않기에 아직 생명이 없는 단순한 세포 덩어리라고 보기 때문이다.

한국에서 한때 종교계에서 낙태의 윤리적 문제를 제기하여 생명에 관한 윤리적 논쟁이 한창 벌어지고 있을 때 그에 대한 나의 의견을 칼럼으로 쓴 적이 있다.

칼럼 1

체세포 복제에 대한 윤리적 문제

최근 20년 동안 생명 과학이 너무나 빠르게 발전하였기 때문에 그 기술과 연구 분야에 대한 대중의 이해가 따르지 못했고, 그 결과로 윤리적 논쟁에서도 자기의 주장만 거듭하는 경우가 많다.

신문에 난 윤리 논쟁 기사를 보면 이 분야에 좀 더 많은 이해가 필요할 것 같아서 여기 몇 가지를 지적해 두고자 한다.

먼저, 복제 인간을 만드는 것은 윤리적으로 옳지 않다. 이 점에 대해서는 대체로 동의하는 것 같다. 그런데 윤리적으로 문제가 될 수 있는, 보다 더 원론적인 문제에 대하여 아직도 견해가 일치하지 않기 때문에 논쟁이 벌어지고 있다.

지금 논쟁거리가 되는 것을 요약해 보면 다음과 같다.

첫째, 생명에 관한 것을 자연 그대로 두지 않고 인간의 마음대로 손댈 수는 없다는 견해이다.

둘째, 난자와 정자가 수정되어 만들어진 배아세포를 인간이 조작해서는 안 된다는 생각이다(위의 두 가지는 종교적인 견해이다).

셋째, 배아세포가 심장이 생성되기 전에는 아직 생명이 아니라는 견해이다. 그래서 14주 이전의 배아세포는 조작할 수 있다는 견해(일부 과학자들의 견해)이다.

넷째, 난자에 체세포(다세포 생물에서 생식세포를 제외한 모든 세포)의 유전 정보를 주입하여 만든 줄기세포는 조작이 가능한가 하는 문제이다. 이 문제에 대해서는 종교계와 과학자들 사이에 이견이 있다.

다섯째, 난자를 인공으로 유도하는 것이 윤리적인가 하는 문제이다.

이런 것들이 지금 우리가 생각해 보아야 할 문제이다.

그런데 이런 논쟁에 혼돈을 주지 않으려면 용어의 바른 이해가 필요하다.

먼저 체세포와 배아세포에 대해 이해해야 한다. 배아세포는 난자와 정자의 수정에 의하여 생긴 세포이다. 반면에 체세포는 정자나 난자와는 달리 몸을 구성하는 세포이다. 인간의 몸속에는 줄기세포(stem cell)가 있는데, 이 세포는 다양한 종류의 혈액세포로 분화하여 다양한 기능을 하는 세포를 만든다. 이렇게 만들어진 체세포는 수정에 의하여 만들어진 배아세포와는 다르다. 배아세포로 인간을 복제하는 것은 비윤리적이다.

난자와 정자의 수정에 의하여 생긴 배아세포는 자연의 순리에 따라 자궁에 착상하여 그 세포 덩어리가 다양한 종류의 세포로 분화하여 신체의 각 부위를 만들어서 인간의 생명체로 자라게 되어 있다.

그런데 이 수정에 의하여 생긴 배아세포를 인간이 원하는 특수한 세포로 만들 수 있는 기술이 개발되었다. 즉, 배아세포를 단일 세포로 자라도록 만들게 된 것이다. 이렇게 단일 세포로 분화된 세포를 사용하면 지금까지 치료가 불가능했던 질병을 치료할 수 있는 길이 열린다고 한다. 예를 들면, 신경세포를 만들어 그 세포를 척추가 손상된 사람의 척추에 주입하면 그가 정상인같이 걸을 수 있게 되고, 중풍으로 반신불수가 된 사람도 온전한 활동을 할 수 있는 길이 생긴다는 것이다.

그러나 이런 일을 하는 과정에서 윤리적 논란이 일 수 있다. 논란이 될 수 있는 중요한 점은 수정된 배아가 생명이냐, 아니면 수정 후 생명 현상의 징조가 사람이 인식할 수 있게 나타나는 그 순간이 생명의 시작이냐 하는 문제이다.

나의 견해로는 그 수정된 세포는 이미 수정과 동시에 탄생된 생명이다. 수정된 배아세포는 이미 온전한 인간의 생명체로 분화할 수 있는 기본 단위이기 때문이다. 온전한 인간으로 분화할 수 있는 수정된 배아세포를 자연 그대로 자라지 못하게 하면서 이

것을 단일 세포로 분화시키는 것은 윤리적으로나 종교적으로 옳지 않다.

이 윤리적 면을 극복하기 위하여, 수정되지 않은 난자를 써서 체세포의 핵을 이식하여 새로운 형태의 체세포를 만들고 이것을 분화시켜 원하는 단일 세포를 만들 수 있다.

이렇게 만든 세포는 윤리적으로 별문제가 없을 것으로 생각된다. 그러나 이런 세포를 만드는 데 있어서도 윤리적 문제가 제기될 가능성이 있는 부분은 난자를 실험용으로 얻는 문제이다. 여성의 신체에서 난자를 얻는 것이 윤리적으로 옳으냐 아니냐 하는 것이 또 다른 윤리적 문제일 것이다.

그다음의 문제인 "수정 후 14주 안에 복제하면 괜찮다"라는 문제에 대해서는 두 가지 견해를 가질 수 있다.

첫째, 과학자들이 주장하는 대로 수정 후 14주 이전의 인간 배아는 온전한 생명이 아니고 세포 덩어리이기 때문에 실험을 해도 된다는 견해이다. 이것은 과학자들이 생각하는 바와 같이 인간의 생명에 관한 정의를 따르는 방법이다.

사람의 죽음에 관한 정의가 '호흡이 끊어지면 죽었다'라는 견해에서 '심장이 멎으면 죽었다'라는 견해를 거쳐 지금은 '뇌의 기능이 정지되었으면 죽었다'가 되고 있다.

심장이 멎으면 사람이 죽었다고 판단하는 견해에 기초를 둔다면, 생명의 시작은 심장의 박동이 시작하는 시점이라고 볼 수 있다. 그렇다면 수정 후 14주가 지나면 심장이 생기는데 이때를 생명이 시작하는 시기라고 간주하기 때문에, 그 시점 이전은 아직 생명이 시작되지 않았다고 생각하여 14주 이전에는 세포의 조작을 해도 된다고 여기는 것 같다.

둘째, 위의 견해가 지금으로서는 윤리적으로 옳지 않다는 의견으로, 수정 후에 배아세포를 복제해서는 안 된다는 견해이다. 심장이 생성되지 않았을 때, 뇌로 발달하기 위한 신경 계통이 심장보다 더 일찍 이미 발달하여 생명은 시작하고 있을 가능성이 있다. 현대 과학은 생명이 시작하는 시점을 아직 완벽하게 찾지 못하고 있다. 지금까지 알려진 과학적 지식을 토대로 한다면 생명은 수정하는 순간에 이미 시작하였다. 그렇기 때문에 수정 후에 배아세포를 조작하는 것은 윤리적으로 옳지 않다.

위에 언급한 모든 것을 종합하면 다음과 같은 결론에 도달한다. 즉, 아무리 난치병을 치료한다 하더라도 신체의 일부를 사용하기 위하여 인간 복제를 하는 것은 있을 수 없는 일이다.

복제 인간을 만드는 대신 다른 방법, 즉 배아가 아닌 성체의 줄기세포를 분화시켜 필요한 세포를 얻어 치료하는 데 쓰면 된다. 또 다른 방법으로는 난자에 체세포의 유전 인자를 대치하여 배아 줄기세포를 만들어 필요한 세포로 분화시켜 치료에 쓰면 된다.

더 이상적인 것은 인공 난자를 만들어 체세포의 유전자를 인공 난자 속에 삽입하여 세포의 분화를 유도하는 것이다. 이것이 장차 우리가 이루어 가야 할 방향이다.

마지막으로, 종교계에서 주장하는 '하나님의 주권'에 관한 한계를 인간이 마음대로 너무 쉽게 정하는 것은 바람직하지 않다. 왜냐하면, 인류 역사상 종교계에서 하나님의 주권이라고 주장한 것들(이전에 진리라고 믿었던 것들이나 하나님만이 하실 수 있다고 생각했던 것들)이 인간의 과학과 기술이 발달함으로 사실이 아니라고 밝혀지거나 인간도 할 수 있는 일이 되었기 때문이다. 전자의 예로는 중세의 코페르니쿠스의 지동설을 들 수 있다.

인간의 인식 수준에서 상상도 할 수 없는 높은 차원의 것만이 하나님의 주권에 속할 것이다. 그 한계 아래의 것은, 인류 역사에서 그러했듯이, 과학과 기술이 발달하면 인간이 할 수 있는 일이다.

지금은 뇌의 활동이 정지되어야 죽었다고 판정한다. 뇌사가 된 상태에서 다시 살아나게 하는 기술은 아직 없다. 뇌가 죽은 상태에 도달하면 각 기관(organ)도 기능을 잃게 되고, 그 뒤를 이어

각 기관을 이루고 있는 세포도 죽게 된다. 뇌사 후 기관의 세포의 죽음을 면밀하게 살펴보면 흥미로운 것이 있다. 사람이 죽은 후에도 손톱이 자라고 수염이 자란 것을 흔하게 볼 수 있다. 사람은 이미 죽었으나 죽은 시체의 세포는 그 후에도 일정한 기간 동안 자기 기능을 하기 때문에 손톱과 수염이 자라는 것이다.
여기서 주목해야 할 점은, 사람의 생명이 죽은 시간과 신체의 각 부위를 구성하는 세포가 죽는 시간에 시차가 있다는 점이다. 다시 말하면, 사람의 생명이 죽었다고 판정받은 후에도 세포는 일정한 시간 동안 살아 있다.
인간의 생명이 죽는 현상과 단위 세포의 죽음 사이에는 생명에 관한 정의가 그 의미를 달리하고 있다. 다시 말하면, 개체의 생명과 세포의 생명은 같은 '생명'이란 말을 쓰고 있으나 그 의미가 다르다. 인간 생명의 죽음과 단위 세포의 죽음 사이의 시간적 차이는 곧 두 생명의 의미가 다르다는 것을 말하고 있다.
위에서 이미 언급한 바와 같이 인간의 생명을 좀 더 세밀하게 나누어 생각해 보면 여러 개의 단위 기관이 조화를 이루어 개체의 생명을 유지하고, 또 단위 기관의 생명은 여러 종류의 세포가 조화를 이루어 만들어진다. 그런데 한 개체의 생명이 살아서 활동하는 개체로 기능하기 위해서는 기관과 기관이 조화를 이루어야 한다.

기관 하나로써는 이루어지지 않는 새로운 생명이 탄생한다. 이 새로운 생명은 이전에 없었던 새로운 생명이다. 이렇게 생겨난 생명을 가진 개체 중에서 가장 상위의 개체가 인간이다.

제3장 인간

1. 떡으로만 살 것이 아니요 하나님의 말씀으로 살 것이라

앞에서 살펴본 바와 같이 생명에 대한 현대 과학적 설명은 여러 단계로 할 수 있다. 그중에서 마지막 단계인 사람의 육체적 생명은 음식과 공기와 물이 있으면 유지된다.

그러나 이 사실은 사실인 동시에 보충할 부분도 있다. 바로 우리의 육체는 뇌에 의하여 생명이 자율적으로 유지되고 있다는 점이다. 이 조절에 중심적인 역할을 하는 것이 뇌와 자율 신경계이다.

그런데 그 자율 신경의 조절을 담당하는 뇌는 인간의 마음 씀씀이에 의하여 절대적 영향을 받고 있다. 그리고 인간의 심리 상태를 좌우하는 요소는 영적, 정신적 영양 공급이다.

그래서 영적, 정신적 영양 공급에 따라 육체적 평안을 유지하거나 정신적 질병으로 인하여 육체적 죽음에도 이를 수 있다. 영적인 영양 공급이 단절되거나 영적 독을 공급받으면 인간의 마음은 황폐하게 되고, 그것은 바로 소뇌에 영향을 주며, 그 소뇌는 직접 육체적 생명을 자동적으로 조절하는 자율 신경계에 영향을 주게 된다.

그 결과로 육체적인 질병이 시작될 수 있다. 이런 이유 때문에 인간은 늘 올바른 영적 영양 공급이 있어야 진정한 육체적 건강을 유지할 수 있다. 그래서 "떡으로만 살 것이 아니고, 하나님의 말씀으로 살아야 건강하게 살 수 있다"라는 가르침은 우리가 새겨야 할 말씀이다.

2. 인간의 본성

인간의 본성에 대한 학설은 성선설과 성악설, 이 두 가지로 대별할 수 있다. 맹자(孟子)의 성선설(性善說)은 사람의 본성(本性)에 다른 동물과는 달리 자각(自覺)할 수 있는 도덕적 관점이 있어, 사람은 동정과 수치심과 겸손과 지혜를 선천적으로 가지고 태어난 존재라는 학설이다. 맹자는 사람의 본성이 선(善)이라고 주장했다.

반면에 순자(荀子)의 성악설(性惡說)은 사람의 본성에 당연히 자연적, 생리적 속성이 있기 때문에 사람은 다른 동물과 같이 식욕과 성욕을 우선시하는 악(惡)한 존재라는 학설이다. 순자는 선이라는 것은 모두 수양에 의한 인위적(人爲的)인 것이라 했다.

기독교에서는 인간의 본성이 악하다고 한다. 그런 결론은 성경 창세기 3장 1-7절에 근거를 두고 있다.

> 그런데 뱀은 여호와 하나님이 지으신 들짐승 중에 가장 간교하니라 뱀이 여자에게 물어 이르되 하나님이 참으로 너희에게 동산 모든 나무의 열매를 먹지 말라 하시더냐 여자가 뱀에게 말하되 동산 나무의 열매를 우리가 먹을 수 있으나 동산 중앙에 있는 나무의 열매는 하나님의 말씀에 너희는 먹지도 말고 만지지도 말라 너희가 죽을까 하노라 하셨느니라 뱀이 여자에게 이르되 너희가 결코 죽지 아니하리라 너희가 그것을 먹는 날에는 너희 눈이 밝아져 하나님과 같이 되어 선악을 알 줄 하나님이 아심이니라 여자가 그 나무를 본즉 먹음직도 하고 보암직도 하고 지혜롭게 할 만큼 탐스럽기도 한 나무인지라 여자가 그 열매를 따 먹고 자기와 함께 있는 남편에게도 주매 그도 먹은지라 이에 그들의 눈이 밝아져 자기들이 벗은 줄을 알고 무화과나무 잎을 엮어 치마로 삼았더라(창 3:1-7).

이 말씀은 두 가지 사실을 시사하는 것으로 보인다. 하나는 선악과가 인간이 죄인이 되게 한 원인 물질이라는 것이고, 다른 하나는 남녀 관계가 죄라는 것이다(성경 기자가 은연중에 이렇게 말하고 있다고 생각된다).

그렇게 생각되는 이유는 무엇인가?

첫째, 선악과가 인간이 죄인이 되게 한 원인 물질이라는 암시는 "동산 중앙에 있는 나무의 열매는 … 먹지도 말고 만지지도 말라 너희가 죽을까 하노라"(창 3:3)라는 말에서 받을 수 있다. '이 나무의 과일은 죽음과 관련이 있는 열매'라는 의미를 포함하고 있는 말이기 때문이다.

그러나 성경 본문에는 선악과를 먹음으로 아담과 하와의 눈이 밝아져 "자기들이 벗은 줄을 알고 무화과나무 잎을 엮어 치마로 삼았더라"(창 3:7)라고 기록되어 있다. 즉, 아담과 하와는 원래 자기들이 발가벗었다는 것을 인식하지 못했는데 선악과를 따 먹음으로 자신들이 벗었다는 것을 인식했고, 그것이 부끄러운 일이라는 것도 알게 되었다는 말이다. 마치 갓난아기가 발가벗고 있어도 부끄러운 줄을 모르다가 철이 들어서 옷을 입지 않으면 부끄럽다는 것을 알게 되고 옷을 입는 것과 같다.

창세기 3장 7절 말씀에서 선악과가 아담과 하와의 인식 수준을 높이는 역할을 한 것이지, 선악과 자체가 그들이 죄인이 되게 한 원인 물질은 아니라는 것을 알 수 있다.

그러므로 우리가 아담과 하와가 선악과를 따 먹고 죄인이 된 이유를 말할 때, 선악과 자체가 죄인이 되게 하는 원인 물질이 아니고 그들이 하나님의 명령을 어기면서 선악과를 따 먹었으니 "하나님의 명령을 거역함으로 죄인이 되었다"라고 하는 것이 합리적일 것이다.

둘째, 선악과를 따 먹음으로 "그들의 눈이 밝아져 자기들이 벗은 줄을 알고 무화과나무 잎을 엮어 치마로 삼았더라"라는 말은 은연중에 남녀의 관계가 수치스럽고 나아가서는 죄라는 것을 암시하는 듯하다.

그러나 창세기 1장 28절에는 "하나님이 그들에게 복을 주시며 하나님이 그들에게 이르시되 생육하고 번성하여 땅에 충만하라 … 하시니라"라고 기록되어 있다. 여기서 "생육하고 번성하라"라는 말씀은 남녀의 관계를 죄로 인식하지 않고 장려한다는 의미를 포함하고 있다.

이 말씀은 생명의 원초적 본능과 궤를 같이한다. 즉, 인간은 살아 있는 한 먹어야 하는 본능을 가졌고, 이와 똑같이 죽지 않고 살려는 본능을 가지고 있다. 살려는 본능은 개체의 살려는 본능뿐만 아니라 자신을 대신하는 후손의 생명까지 연결된다. 만약 남녀의 관계를 죄의 범주 안에 넣으면 인류는 번성할 수 없을 것이다.

또 하나 깊이 생각해 보아야 할 점은 이 물음이다.
"인간은 악한 존재인가?"
성경에 기록된 말씀을 종합하여 생각해 보면 인간은 원래 선하다는 결론을 내릴 수 있다. 그 이유는 창세기 1장 27절에 기록되어 있다.

> 하나님이 자기 형상 곧 하나님의 형상대로 사람을 창조하시되 남자와 여자를 창조하시고 (창 1:27).

이 말씀에서 아담과 하와가 선악과를 따 먹기 전에는 하나님과 같이 선하였다는 것을 알 수 있다. 하나님이 만든 본래의 인간은 죄 없는 인간이었지만 죄를 지을 가능성을 가진 존재라고 할 수 있다. 그래서 하나님은 인간에게 자유를 주는 동시에 하지 말아야 할 계율도 주셨다. 그러나 아담과 하와는 하나님의 명령을 따르지 않고 뱀의 유혹에 넘어가 하나님의 명령을 어겼다. 그래서 죄인이 되었다.

아담과 하와가 그런 행동을 하게 된 이유는 인간이 하나님으로부터 부여받은 자유를 가졌지만 죄를 지을 가능성을 가진, 죄 지향성을 가진 존재이기 때문이라고 할 수 있다. 엔트로피(유효하게 이용할 수 있는 에너지의 감소 정도를 나타내는 양)가 증가하는 방향으로 힘이 작용한다는 자연계의 법칙이 인간의 마음에도 작용한다고 할 수 있다.

그래서 하나님께서 인간의 마음이 죄를 짓는 방향으로 기울지 않도록 하기 위하여 "동산 중앙에 있는 나무의 열매는 먹지도 말고 만지지도 말라"라고 하신 것이 아닌가 생각된다. 하나님께서 아담과 하와에게 이 계율을 주신 이유는, 선과 악에 관련되지 않은 것은 자유롭게 하되 선악에 관련된 것은 함부로 하지 말라는 경고를 주시기 위해서였다.

인간은 죄를 짓는 방향으로 끌려가는 죄 지향성을 가진 존재이기 때문에 그렇게 미리 말씀하신 것이 아니겠는가?

하나님께서 아브라함에게 이삭을 모리아산에서 번제로 드리라고 하신 이유도, 인간의 마음은 계속 변하고 죄의 방향으로 기울어지기 쉽다는 것을 아시기 때문에 하나님을 향한 아브라함의 확고한 믿음을 시험하신 것 같다. 100세에 얻은 귀한 아들 이삭을 제물로 드리는 것을 주저하지 않는 아브라함의 확고한 믿음을 보시고 하나님은 그를 인류의 믿음의 조상으로 여기셨던 것이다.

또한, 죄 지향성을 가진 인간은 자유를 가지면 언제든지 죄를 지을 가능성이 있기 때문에 성경에는 "하나님을 두려워하라"라는 말씀이 많다.

3. 인간 사고의 한계

인간이 세상을 보는 눈은 인류 역사가 시작되면서부터 점점 더 가속도가 붙으면서 밝아졌다. 그 대표적인 예가 갈릴레이(Galilei)이다. 그는 지동설 때문에 바티칸 교황청으로부터 파문을 당했고 죄인으로 종신 징역형을 받았다. 그러나 20세기에 들어서 교황청은 그에게 내린 판단이 잘못되었다는 것을 인정하고 그를 죄인에서 성인의 반열에 올렸다. 이 사건은 인간의 잘못된 판단으로 한 인간이 죄인이 되었다가 누명을 벗고 성인이 된 역사적 사건이다.

이 사건이 주는 교훈은, 인간의 지혜와 판단력이 역사의 흐름과 인류 문명의 발달과 함께 계속적으로 더해져 왔지만 온전하지는 못하다는 것이다. 또한, 불완전한 판단력으로 신의 심판과 같은 판단을 해서는 안 된다는 것을 알 수 있다. 다시 말하면, 낮은 차원의 인간의 판단력으로 신의 판단력을 가진 것처럼 무리하게 판단해서는 안 된다는 것이다. 우리는 아직도 신의 위치를 알지 못한다.

하나님께서 위대한 능력으로 우주를 창조하시고 운행하시는 원리는, 우리가 아는 4차원 세계의 인식 능력으로 운영하시는 것이 아닐 수도 있다. 인간이 아는 차원보다 훨씬 높은 차원의 원리로 운영하시는지도 모른다.

인간의 인식 수준이 높아진 것은 미술사를 뒤돌아보면 쉽게 알 수 있다. 2차원 그림을 그리다가 3차원 그림을 그리게 된 것은 인식 차원의 변화에서 온 것이다. 물리학에서도 3차원의 세계를 알다가 아인슈타인 이후에 4차원의 세계를 알게 되었다. 만약 우리가 알지 못하는 다른 차원에서 우주가 운행된다면 지금 우리가 인식하는 차원으로 해석하려고 하는 것은 무리한 시도이다.

하나님의 진리를 현대 과학적인 지식으로 해석하려는 우를 범하지 말아야 한다. '창조 과학'이란 말을 자주 듣는데, 창조 과학이란 말은 사리에 맞지 않는다고 생각한다. 하나님의 창조의 원리를 지금 인간이 알고 있는 지식으로 해석하려는 우를 범하지 않아야 한다.

한계가 있는 인간의 지식으로 무한의 진리인 하나님의 창조의 원리를 해석한다는 것은 무리한 시도이다. 하나님의 일은 과학적인 일과 별개의 것으로 두어야 한다. 종교를 과학과 같은 차원에서 해석하고 이해하려고 해서는 안 된다. 종교는 종교요, 과학은 과학이다. 이 두 가지는 별개로 취급해야 한다.

그러면 종교와 과학은 전혀 상관이 없는가?

오랫동안 인류는 자연의 원리를 알려고 부단히 노력해 왔으나 아직도 인류가 아는 부분은 5퍼센트뿐이고 나머지 95퍼센트는 알지 못하는 부분이라고 과학자들은 알고 있다.

그러니 하나님의 초능력 범위는 건드리지 말고 인간의 인식 범위 안에서 과학은 발전해야 한다. 과학의 발전 방향은 하나님께서 우주와 인간을 창조하신 원리를 과학적으로 이해하는 것으로 만족해야 한다.

그 이상을 관여하여 하나님과 동등한 위치에 도전하는 것은 삼가는 것이 좋다. 적어도 아직까지의 인간의 능력으로는 그 이상을 논하는 것은 또다시 하와와 같은 행동을 하는 것이 될 것이다.

이렇게 말하는 이유는 행여나 인간이 잘못하여 다시 갈릴레이 때의 우(갈릴레이가 진리를 말했는데 그를 죄인으로 판단하여 종교재판을 하고 근세에 와서 교황청에서 그를 성인으로 추앙한 우)를 범하는 일이 일어나지 않기를 바라기 때문이다. 하나님의 위대한 경륜을 한계가 있는 인간의 사고 능력 수준으로 끌어내려 해석하다가 하나님의 위대하심에 오히려 누가 되지 않기를 바라기 때문이다.

4. 자유는 삶의 동력

1997년 12월 26일 자 조간신문에 조그마한 기사가 있었다. 그렇게 왕성하던 일본 경제가 1980년대를 넘어오면서 침체에 빠진 이유가 무엇인가에 대하여 일본 국내의 학자들이 토론을 시작했다는 기사였다.

그 기사를 본 순간 나는 한마디를 거들고 싶었다. 나는 일본 경제가 침체에 빠진 이유는 일본 문화와 사회의 특성 때문이라고 생각했었다.

내가 그렇게 생각했던 이유는 무엇이었을까?

'인간은 다음과 같은 네 가지 본성을 다 가졌거나 그중의 일부를 가지고 태어나 자기 본성대로 인생을 살아간다'라고 생각하기 때문이다.

첫째, 인간은 경제적 동물이다. 즉, 최소의 노력으로 최대의 수확을 얻으려는 본성을 가진 존재이다. 이것은 앞에서 이미 언급한 바와 같이 인간의 본성도 엔트로피가 증가하는 자연법칙을 벗어날 수 없기 때문이다. 그래서 인간은 게으르고 죄를 짓기 쉬운 존재이다.

둘째, 인간은 먹는 문제가 해결되면 쾌락과 향락을 즐기려는 욕망을 가진 존재이다.

셋째, 인간은 피동적으로 일을 할 때는 나태와 게으름이 발동하지만 동기가 있으면 능동적으로 일을 하는 내적인 동력이 솟아나는 본성을 가진 존재이다.

넷째, 인간은 무한한 욕망을 가진 동물이다. 인간의 욕망에는 식욕, 색욕, 물욕, 명예욕 등 다양한 욕망이 있는데, 그중에 식욕과 색욕은 생명을 보존하기 위한 욕망이지만 물욕이나 명예욕은 생명과는 관계가 없는 성취욕이다.

이런 특성을 가진 인간은 자유를 누릴 수 있는 환경에서는 스스로의 욕망을 이루기 위하여 활동을 하지만, 자유가 없는 사회에서는 자기의 욕망을 성취하려는 동력을 잃는다. 즉, 인간의 내면에서 끓어오르는 열정을 발휘할 수 있는 자유가 인간의 능력을 발휘하는 데 결정적인 역할을 한다.

지난 100년 동안의 인류 역사를 보면 이 사실을 명쾌하게 알 수 있다. 특히, 지난 70여 년 동안 정치적 대결 구도를 유지하였던 공산주의 체제와 민주주의(시장경제) 체제의 발전상을 보면 알 수 있다.

공산주의 이데올로기를 바탕으로 한 정치 체제는 레닌이 모든 사람이 동등하게 잘 먹고 잘사는 사회를 건설하겠다는 이상으로 시작한 것이었다.

그러나 그 이상주의는 인간의 본성을 간과한 것에 지나지 않았다는 사실이 70여 년 동안 이루어진 역사적 실험에서 밝혀졌다. '소비에트 사회주의 공화국 연방'(소련)이 해체되었고, 공산 중국도 그 시스템이 이상을 실현할 수 없다는 것을 깨닫고 개방하여 자유경제 시스템을 받아들여 경제가 일어나고 있다.

다 같이 잘사는 사회를 만들겠다고 혁명을 일으킨 공산 러시아와 중국이 70여 년 만에 경제가 파탄에 이르러 더 이상 견디지 못하여 손들고 자유경제 체제로 전환한 이유는, 그들이 바로 인간의 본성을 간과한 정치 시스템을 택했었기 때문이다. 즉, 인간의 본성, '인간은 경제적 동물이며 최소의 노력으로 최대의 수확을 얻으려는 특성을 가진 존재'라는 사실을 간과했었기 때문이다.

이들과 정반대의 정치 경제 시스템으로 세계 최고의 부와 국가의 융성을 이룩한 나라는 미국이다. 2차 세계대전의 패전국인 일본과 서독은 미국과 같은 정치 경제 시스템을 채택함으로 1980년대까지 눈부신 발전을 하여 일본은 세계에서 미국 다음으로 잘사는 나라로 발전하였고 독일도 경제 대국으로 등장했다.

그러나 1980년대 말을 기점으로 일본의 경제는 침체 국면으로 들어갔다. 일본이 그런 상태로 접어들 수밖에 없었던 이유가 바로 일본의 정치 시스템과 사회의 특성 때문이다. 일본과 미국의 정치 시스템은 같아 보이지만 내부를 잘 들여다보면 큰 차이가 있다. 미국은 개인의 자유와 시장경제가 보장된 사회이지만, 일본은 사무라이 문화가 지배하는 시장경제 체제의 사회이다. 즉, 일본의 정치와 경제는 사무라이 문화를 배경으로 하여 운행되고 있다.

사무라이 문화는 오랫동안 유지되어 온 일본의 역사이고 문화이기 때문에, 일본 국민은 그 문화에 익숙하다. 사무라이 문화의 특징은 영주의 지배 아래 있는 사람들은 영주가 시키는 일만 잘하면 사는 데 아무런 문제가 없다는 것이다.

그래서 그런 체제에서 오랫동안 살아온 사람들은 명령에 복종하는 사람으로 유전자 변이가 일어났다고 할 만큼 사고가 그 방향으로 굳어져 있다. 그래서 시키는 것에 복종은 잘한다. 그러나 창의성 유전자는 도태될 수밖에 없다.

그렇게 되면 창의성을 발휘할 수 있는 사람은 지배계급에 있는 엘리트들뿐이다. 이 엘리트 집단이 지혜로운 만큼, 정직한 만큼, 애국하는 만큼 사회가 발전하게 되어 있다. 그 이상 발전하는 데는 한계가 있게 마련이다. 그 이유는 엘리트 집단도 인간 범주에서 벗어나지 않기에 타성을 가지게 되고 타락할 수 있기 때문이다. 인간은 최소의 노력으로 최대의 수확을 얻으려는 경제적 동물이기 때문에 살 만한 형편이 되면 향락을 누리려는 본성이 발동하게 되어 있다.

엘리트들이 타락하게 되면 그 사회는 더 발전할 수 있는 동력을 잃게 된다. 그래서 일본은 사무라이 문화를 청산하지 않는 한 그 상태 이상으로 발전할 수 없다. 1980년대 말의 지점까지가 일본이 부를 창출한 한계가 될 수밖에 없다.

이렇게 말하면 이에 반론을 제기할 사람이 있을지도 모른다.

"그러면 어떻게 일본이 세계에서 두 번째 부자가 될 수 있었는가?"

이런 질문에 대한 대답은 간단하다. 바로 그 수준까지 경제가 발전하는 데는 사무라이 문화가 기여할 수 있다. 그러나 그 이상은 되지 않는다. 그 이유는 사무라이 문화 때문에 지배계급에 있는 엘리트들은 창의성을 발휘할 수 있지만 그 외의 사람들은 창의성을 발휘하지 못하는 두뇌로 유전자가 변하여, 결국 창의성이 있는 인재의 부족으로 사회가 더 이상 발전할 수 없기 때문이다.

이것을 일찍이 깨달은 일본 총리가 있었다. 그는 경제를 잘 아는 총리였고, 일본 사회의 고질병인 '동경대학교 출신 엘리트 집단의 권력화 현상'을 타파하여야 일본이 다시 일어날 수 있다는 것을 알았다. 그는 그 엘리트 집단이 일본 사회 요직의 70퍼센트를 차지하고 있는데 40퍼센트로 줄여야 한다고 주장하다가, 그 집단의 반발로 총리직에서 밀려났다.

그 후 일본은 30년 이상이라는 긴 세월 동안 침체의 늪에서 헤어나지 못하고 있다.

사무라이 문화와 비슷한 결과를 초래할 수 있는 정치와 사회 시스템이 또 있다. 사회주의 정치 체제를 가진 나라도 일본과 비슷하게 어느 수준까지, 그것도 아주 낮은 경제 수준까지 발전할 수 있지만 그 이상의 경제적 발전은 이룰 수 없다.

그 이유는, 엘리트만 자유로운 사고를 하고 나머지 사람들은 종속적인 사고를 가진 일본 사회와는 달리, 사회주의 정치 체제의 사회는 모든 인간의 욕망과 열정을 어느 수준 이상으로 끌어올릴 수 없는 사회이기 때문이다.

즉, 사회주의 체제는 인간이 끝없는 욕망을 가진 자신의 본성을 작동하지 않아도 살아갈 수 있는 사회 제도이다. 그렇게 함으로 빈부의 격차는 줄어들지만 부(富)를 창출하는 개인의 능력을 발휘하는 동력이 상실되거나 줄어들게 되고, 그 결과 문명의 발전을 위한 부도 없어지거나 줄어들기 때문이다.

이와는 대조적으로 미국이 채택하고 있는 정치 시스템은 모든 개인에게 평등하며 자유를 누릴 권리를 보장한다. 여기서는 개인이 자유롭게 자기 인생을 개척할 수 있도록 사회 제도를 운영하기 때문에,

모든 국민은 자기 욕망을 이루기 위하여 마음껏 자기 능력을 발휘할 수 있다.

인간이 타고난 개인의 능력은 천차만별로 다르다. 그 다른 능력을 자기 마음대로 자유롭게 펼칠 수 있도록 자유를 주면, 능력 있는 사람은 더 많이 벌고 능력이 없는 사람은 덜 버는 것이 진정 평등한 대우를 받는 것이다.

이 제도를 유지함으로 야기되는 부작용은 빈부의 격차가 생기는 것이다. 그 격차는 개인의 능력의 차이 때문에 생기는 부작용이다. 그 문제는 국가가 해결해야 할 문제이다. 개인의 능력 발휘를 제한하지 않으면서도 능력이 부족한 사람들에게 인간의 기본 활동을 할 수 있을 만큼 지원하는 정책을 펴면 그 문제는 해결된다.

정치를 하는 사람들은 인간의 본성을 알고 복지 국가를 건설할 정책을 수립할 줄 알아야 한다. 그러나 과도한 복지는 인간의 욕망의 순을 잘라 버리는 힘을 발휘한다는 것을 잊으면 개인과 나라가 발전하는 동력을 잃는다는 것도 알아야 한다.

2008년 여름 캄보디아에 있는 한 대학에 강의하러 갔을 때 프놈펜에 있는 '킬링필드기념관'(1960-1970년대에 캄보디아에서 일어난 대량 학살을 가리키는 '킬링필드'의 희생자를 기리기 위한 기념관)을 보고 나라가 발전하는 데 인재가 중요하다는 것을 절실히 깨달았다.

그때 나는 이런 칼럼을 썼다.

> 칼럼 2

킬링필드기념관을 보고

캄보디아의 시하누크빌에 있는 라이프대학교(Life University)로 가는 길에 프놈펜에 잠시 머무는 동안 '킬링필드대학살기념관'(Killing Field Genocide Museum, 줄여서 킬링필드기념관)을 둘러보았다.

이 기념관은 폴 포트 정권이 백만 명 이상을 죽였다는 킬링필드의 참상을 보여 주었다. 그 많은 희생자 중에는 미국인, 영국인, 캐나다인, 중국인 등 세계 여러 나라 사람이 포함되었으나 대부분은 캄보디아 사람이었다.

안내자의 설명에 의하면 폴 포트는 모택동을 숭배한 사람으로 공산주의 체제가 부르짖던 노동자와 농민이 잘사는 사회를 만들기 위하여 지식인들을 죽였다고 한다.

글을 아는 사람을 구분하기 위하여 "내일 아침 9시까지 어느 장소로 모이세요"라고 벽보를 붙여 놓고 그곳에 모인 사람은 모두 죽였다고 하니 지식인을 잡아내는 방법도 기발했다. 그들은 글을 아는 사람이면 어린아이를 포함한 가족까지 다 죽였다고 한다.

폴 포트 정권이 감옥으로 쓴 건물의 정원에 있는, 목을 매달아 사형시키는 데 썼다는 형틀을 보았을 때는 가슴이 서늘했다. 또한, 큰 공간을 벽돌이나 나무로 막아 한 사람이 겨우 누울 수 있는 독방 감옥으로 만들어 놓은 것과 그곳에 갇힌 사람들이 발에 찼던 쇠고랑의 흔적을 볼 수 있었다.

내가 그 감옥의 내부를 돌아보고 밖으로 나왔을 때 열대 지방의 햇볕이 나의 눈에 사정없이 내리쬐었다. 나는 밖에 나와서 그 건물이 이전에는 어떤 건물이었는지 안내자에게 물어보았다.

그 기념관은 원래 고등학교 건물이었다. 학교 건물을 감옥으로 개조한 이유는, 노동자와 농민이 잘사는 사회에서는 지식인이 더 이상 없을 것이니 지식을 가르치는 학교는 더 이상 필요 없겠다고 믿었기 때문이라고 했다. 그런 이유로 학교를 개조하여 지식인을 탄압하고 말살하는 데 썼다고 하니, 나는 할 말을 잃고 말았다. 무식하면 용감하다는 말이 어울린다는 생각이 들었.

그렇게 지식인들을 말살했기 때문에 지금 캄보디아는 정권이 바뀌어 새로운 나라를 건설하려고 인재를 찾아도 지식인이 없어서 발전할 수 없다고 한다. 너무나 불행한 캄보디아 역사를 보고 듣자 마음이 우울했다.

나는 킬링필드기념관을 둘러보고 호텔에 돌아와서, 읽다가 둔 앨런 그린스펀(Alan Greenspan)의 『격동의 시대』(*The Age of*

Turbulence)를 읽기 시작했다. 그런데 내가 읽기 시작한 바로 그 부분이 제13장 〈자본주의의 여러 방식〉이었다. 나는 그 장을 읽고 나서 오랫동안 의문을 가졌던 질문의 해답을 늦게나마 얻었다. 인간이 잘사는 것은 자유를 누리는 것과 밀접한 관계가 있다는 것을.

지난 70여 년 동안의 인류 역사는 세계 여러 나라가 잘살게 하는 정치 체제를 실험한 역사라고 해도 과언이 아닐 것이다. 지난 70여 년 동안 이 지구상의 인류 사회는 공산주의가 지향한 계획 경제 체제와 시장경제를 강조한 자유경제 체제와 그 두 모델의 중간쯤 되는 사회주의 경제 체제의 세 가지 모델을 실험한 하나의 실험실이었다.

70여 년 동안의 실험 결과는 분명하게 나왔다. 그 결과는 오늘날의 새로운 세계 질서를 만들어 냈다. 노동자와 농민이 잘사는 사회를 건설한다는 기치를 내걸고 공산혁명을 한 소련과 중국 및 캄보디아를 포함한 그 주변 국가들은 공산주의 체제로 국가를 운영한 지 74년 만에 '공산 체제에서는 가난해질 수밖에 없다'라는 실험 결과를 분명하게 얻었다.

그래서 지금 그 나라들은 70여 년 동안 유지했던 공산 체제를 버리고 자유경제와 시장경제를 나라의 정책으로 도입하여 번영의 길로 들어섰다.

자유경제와 계획경제의 중도적 체제인 사회주의 국가들도 지금은 그 방향을 시장경제 쪽으로 틀고 있다. 일부 사회주의 체제를 활용하던 스웨덴과 노르웨이 등 북구의 나라들과 좌파적 성격을 띠던 프랑스 같은 나라들도 사회주의 체제의 한계를 인식하고, 자유경제 체제를 도입하려고 서두르고 있다.

나는 킬링필드기념관을 돌아보고 우울했으나, 그린스펀이 쓴 『격동의 시대』를 통하여 나라나 개인이 잘살고 못사는 데에는 그 나라의 정치 체제와 개인의 생활 철학이 절대적으로 중요하다는 것에 공감했다.

오늘(2008년 7월) 캄보디아 텔레비전 뉴스에서 아직도 대한민국 한편에서는 정부 정책을 반대하는 촛불 시위를 하고, 또 한편에서는 그 시위를 반대하는 촛불 시위를 하는 모습을 보고 안타까운 생각이 들었다.

지식인들을 다 죽여 버린 캄보디아가 나라를 다시 세우려고 해도 인재가 없어서 고통당하고 있는 것을 타산지석(他山之石)으로 삼았으면 한다.

세계 10대 교역국으로 성장한 대한민국은 지금 국론의 분열로 위기를 맞고 있다. 모처럼 선진국으로 들어갈 기회를 놓칠까 두렵다. 지금 겪고 있는 석유 위기를 극복하려면 국가와 국민이 다 같이 하나로 뭉쳐서 이 어려움을 극복해야 할 것 같은데 밤마다 촛불 집회로 자기 목소리만 내고 있으니 촛불에 나라가 타들어 가는 것은 아닌지 안타깝다.

나라의 경제가 치명적인 타격을 받기 전에 국민 모두가 지혜로운 길을 택했으면 하는 바람이다. 폴 포트가 노동자와 농민이 다 같이 잘사는 나라를 만든다면서 모든 지식인을 죽인 것이 지금 캄보디아를 어렵게 하는 것을 교훈 삼아, 지금 서울 한복판에서 자신이 하고 있는 행동과 말이 나라를 위태롭게 하는 것은 아닌지 생각해야 할 때이다.

5. 안정과 불안정

　이 세상의 모든 물질계에는 안정을 향한 힘이 작용한다. 이 힘은 엔트로피가 커지기 때문에 생기는 힘이다. 자연계에서 쉽게 볼 수 있는 지진도 지구가 안정을 찾아 가는 과정에서 일어나는 현상이다.

　1995년 1월 연 3일 동안 일본의 오사카와 고베 지역에 진도 7.2의 강진이 있었다. 사망자가 6천여 명이나 되고 부상자도 수만 명이나 되었고, 철도와 도로와 가옥도 큰 피해를 입었다.

　그때 오사카대학교의 교수인 친구 한 명도 자기 집에서 자는 동안 지진 피해를 입어 부상을 당하여 오랫동안 고생했다. 당시 일본은 '관동 대지진'(1923년 일본 관동 지방에 발생하여 10만여 명의 사망자를 냈던 큰 지진) 다음으로 큰 지진 피해를 입었다고 한다. 일본은 환태평양 화산대에 위치하기 때문에 이런 피해를 자주 받는 지역이다.

　이런 지진은 지구가 생성된 후 계속 식어 가면서 부피가 줄어들어 지구 전체가 수축하기 때문에 지각의 변동이 일어나서 생기는 자연 현상이다. 이같이 지구는 열기가 식어 가면서 안정된 상태로 변해 간다.

　인간 사회도 불안정 상태에서 안정된 상태로 이행하는 과정을 볼 수 있다. 지난 2백 년 동안 지나온 인류 역사를 보면 불안정 상태에서 안정 상태로 이행함을 알 수 있다. 제정 러시아가 불안정 상태에서 볼셰비키 혁명(1917년 레닌을 지지한 급진파가 정권을 장악한 혁명)으로 공산 소비에트 연방을 건설하고 안정을 찾았으나, 공산 국가로서 70여 년을 지낸 후에는 그 체제가 무너져 소비에트 연방이 해체되고 안정을 찾았다.

소비에트 연방이 해체된 것은 인간의 본성을 간과한 정치 체제 때문이다. 인간의 본성을 무시하고 인위적 힘으로 정치 체제를 유지하려고 했으나, 인간의 본성을 무시한 정책은 국가를 가난하게 만들었기 때문에 나라가 더 이상 유지될 수 없어서 소비에트 연방은 무너지고 말았다. 인간의 본성을 무시한 정치적 힘은 인간의 본성을 이길 수 없다는 것을 보여 주었다.

인간은 자유를 갈망하며 자기의 욕망을 이루기 위하여 끝없이 도전하는 존재다. 그런 인간의 열정이 살아서 움직일 수 있을 때는 아무 문제가 없지만, 그 열정을 발휘할 수 없는 장애가 생기면 그 열정은 그 장애에 대하여 저항력으로 작용하여 사회는 불안정해진다. 정치를 하는 사람들은 인간의 본성을 알고 정치를 해야 안정과 번영을 누리는 국가와 사회를 만들 수 있다.

인간이 안정된 삶을 살 수 있는 사회는 인간의 기본 욕망을 충족시켜 줄 수 있는 사회이다. 즉, 인간의 기본권인 자유와 평등이 보장된 사회가 되어야 한다.

인간은 하늘로부터 자유를 누릴 권리를 가지고 태어났다. 그래서 자유로운 생각과 활동을 할 수 있어야 행복하게 살 수 있다. 인간은 기본적으로 가진 욕망을 이루기 위한 활동이 보장되어야 자기 능력도 발휘할 수 있다.

또한, 인간은 평등한 권리를 가지고 태어났다. 이 평등은 개인의 능력과 재능을 자신이 원하는 만큼 발휘할 수 있는 권리를 보장받는 것이다. 이 말은 모든 사람을 동등하게 평준화하는 것과는 다르다. 인간은 태어날 때 각자 다른 능력과 재능을 가지고 태어난다. 타고난 능력과 재능을 발휘하는 자유를 동등하게 보장받는 그런 평등한 사회가 될 때 인간은 행복하다.

모든 사람이 똑같은 대우를 받는 사회는 공평한 사회인 것 같지만 좀 더 깊이 생각해 보면 불공평한 사회이다. 그 이유는 그런 사회에서는 능력이 있는 자는 하향 평준화를 받고, 능력이 없는 자는 상향 평준화를 받는 것이기 때문이다.

이상적인 사회는 자기가 가진 능력을 최대한으로 발휘할 수 있도록 모든 사람에게 동등한 자유와 기회를 부여하는 평등한 사회이다. 그러면 능력이 있는 사람들은 무한히 자기 능력을 발휘할 것이지만, 능력이 부족한 사람들은 뒤처지게 될 것인데 이들은 국가가 도와서 행복한 삶을 살 수 있도록 지원하면 된다.

6. 사랑

우리말의 '사랑'이라는 단어는 그 범위가 넓다. 부모가 자식을 사랑하는 것도 '사랑'이고, 남녀가 사랑하는 것도 '사랑'이다.

그러나 희랍어에는 우리말로 '사랑'에 해당하는 세 가지 다른 말이 있다. 아가페(agape), 필로스(philos) 그리고 에로스(eros)라는 세 가지 단어이다. 이 세 단어는 우리말로는 그냥 사랑으로 번역하는데 각 단어의 의미는 조금씩 다르다.

'아가페'라는 말은 하나님이 인간을 사랑하는 것이나 부모가 자식을 사랑하는 그런 사랑을 말하고, '필로스'라는 말은 인간과 인간 사이, 즉 이웃이나 친구 사이의 횡적 사랑을 말하고, '에로스'는 남녀 간의 이성적 사랑을 의미한다. 이 세 가지 사랑 중에 인간이 사회생활을 하며 더불어 사는 데 가장 중요한 것은 필로스적 사랑, 즉 이웃과 사랑을 나누는 횡적 사랑이다.

이 세상에는 사랑이란 말은 넘치는데도 진정한 사랑이 없어서 국가와 국가 사이에는 전쟁이 끊임없이 일어나고, 종교와 종교 간에도 갈등과 충돌이 일어난다. 빈부 격차도 날이 갈수록 커져서 사회는 점점 불안해지며, 개인주의가 심화되어 사람 사이에는 미움과 시기와 질투와 다툼이 점점 더 많아지고, 심지어 가족 간에도 미움과 다툼이 점점 늘어만 가는 위기의 시대에 우리가 살고 있다.

인류 사회가 이렇게 된 데는 여러 가지 원인이 있겠지만 그 모든 갈등의 밑바닥에는 인간의 정신적 지주가 되는 종교가 자리를 잡고 있는 경우가 많다. 사랑을 강조하는 기독교 역사에도 사랑하지 못하고 부끄러운 일들을 저지른 적이 있다.

구약성경에 "하나님 여호와를 사랑하라"(신 6:5), "이웃 사랑하기를 네 자신과 같이 사랑하라"(레 19:18)라고 기록되었다. 또한, 신약성경에 "네 마음을 다하고 목숨을 다하고 뜻을 다하여 주 너의 하나님을 사랑하라 하셨으니 이것이 크고 첫째 되는 계명이요 둘째도 그와 같으니 네 이웃을 네 자신같이 사랑하라 하셨으니 이 두 계명이 온 율법과 선지자의 강령이니라"(마 22:37-40)라고 강조되었다.

예수님은 구약성경의 사랑을 한층 더 높은 차원의 사랑으로 업그레이드하셨고, 신약성경에는 사랑에 대한 구체적인 설명이 나온다. 그래서 "기독교는 사랑의 종교"라고 말한다.

그중에 누가복음 10장 25-37절에서 예수님은 비유를 통하여 어떤 것이 사랑인지를 구체적으로 설명하셨다.

> 어떤 율법교사가 일어나 예수를 시험하여 이르되 선생님 내가 무엇을 하여야 영생을 얻으리이까 예수께서 이르시되 율법에 무엇이라 기록되었으며 네가 어떻게 읽느냐 대답하여 이르되 네 마음을 다하며 목숨을 다하며 힘을 다하며 뜻을 다하여 주 너의 하나님을 사랑하고 또한 네 이웃을 네 자신같이

사랑하라 하였나이다 예수께서 이르시되 네 대답이 옳도다 이를 행하라 그러면 살리라 하시니 그 사람이 자기를 옳게 보이려고 예수께 여짜오되 그러면 내 이웃이 누구니이까 예수께서 대답하여 이르시되 어떤 사람이 예루살렘에서 여리고로 내려가다가 강도를 만나매 강도들이 그 옷을 벗기고 때려 거의 죽은 것을 버리고 갔더라 마침 한 제사장이 그 길로 내려가다가 그를 보고 피하여 지나가고 또 이와 같이 한 레위인도 그곳에 이르러 그를 보고 피하여 지나가되 어떤 사마리아 사람은 여행하는 중 거기 이르러 그를 보고 불쌍히 여겨 가까이 가서 기름과 포도주를 그 상처에 붓고 싸매고 자기 짐승에 태워 주막으로 데리고 가서 돌보아 주니라 그 이튿날 그가 주막 주인에게 데나리온 둘을 내어 주며 이르되 이 사람을 돌보아 주라 비용이 더 들면 내가 돌아올 때에 갚으리라 하였으니 네 생각에는 이 세 사람 중에 누가 강도 만난 자의 이웃이 되겠느냐 이르되 자비를 베푼 자니이다 예수께서 이르시되 가서 너도 이와 같이 하라 하시니라 (눅 10:25-37).

또한, 마태복음 18장 12-14절에서는 〈잃은 양 비유〉로 사랑을 강조하셨다.

너희 생각에는 어떠하냐 만일 어떤 사람이 양 백 마리가 있는데 그중의 하나가 길을 잃었으면 그 아흔아홉 마리를 산에 두고 가서 길 잃은 양을 찾지 않겠느냐 진실로 너희에게 이르노니 만일 찾으면 길을 잃지 아니한 아흔아홉 마리보다 이것을 더 기뻐하리라 이와 같이 이 작은 자 중의 하나라도 잃는 것은 하늘에 계신 너희 아버지의 뜻이 아니니라(마 18:12-14).

또한, 사도 요한은 "자녀들아 우리가 말과 혀로만 사랑하지 말고 행함과 진실함으로 하자"(요일 3:18)라고 기록하였다. 사랑을 행동으로 실천해야 함을 강조한 말씀이다.

더 나아가서 예수님은 "이러므로 그들의 열매로 그들을 알리라"(마 7:20)라는 말씀으로 믿음의 척도를 그 결실로 안다고 하셨다.

사도 바울도 고린도전서 13장에서 사랑에 대하여 구체적인 설명을 하면서 사랑을 강조하였다.

이렇게 사랑을 강조하였지만 기독교 역사를 보면 미워하고, 질투하고, 사람을 죽인 예가 성경 여러 곳에 나온다. 가인이 아벨을 죽였고, 요셉의 형들이 요셉을 미워하면서 죽이려 하였으며, 믿음이 좋다고 자랑하는 바리새인들이 예수님을 십자가에 못 박아 죽였다. 십자군 전쟁 때도 기독교인들이 수많은 사람을 죽였다.

더욱 부끄러운 것은 하나님의 사랑을 전파하는 중심적 역할을 하는 교황청이 바르게 말하는 수많은 사람을 죽인 것이며, 오늘날 교회 지도자들 중에도 사랑을 실천한다면서 악을 저지르는 사람이 있다.

그들이 사랑이 없어서 그런 부끄러운 일들을 저질렀을까?

단언할 수는 없지만 세 가지 가능성을 생각해 볼 수 있다.

첫째, 믿지 않는 사람들과 똑같이 자기 욕망을 채우기 위하여 사랑을 빙자하여 악을 저질렀을 수 있다.

둘째, 성경에서 가르치는 사랑을 알았으나 사랑을 실천하는 과정에서 우선순위를 잘못 정하여 그런 우를 범하였을 가능성이 있다.

셋째, 성경이 가르치는 사랑을 알면서도 악을 저질렀을 수 있다.

그 원인이 무엇일까?
다시는 그런 우를 범하지 않으려면 그 원인을 알아야 할 것이다.

1) 성경에서 말하는 사랑

그러면 성경에서 이야기하는 사랑에 대하여 좀 더 구체적으로 살펴보자.

신구약 성경을 통하여 하나님은 두 가지를 강조하셨다.

첫째, 하나님을 사랑하라.
둘째, 이웃을 네 자신같이 사랑하라.

이것을 다른 말로 하면 "하나님을 사랑하면서 이웃과 싸우지 말고 오손도손 잘 살아라"라는 말이다.

마태복음 22장에는 한 율법사가 예수님을 시험하기 위하여 질문을 한 대목이 있다.

"선생님, 율법 중에서 어느 계명이 큽니까?"

이 질문에 대하여 예수님이 대답하셨다.

> 네 마음을 다하고 목숨을 다하고 뜻을 다하여 주 너의 하나님을 사랑하라 하셨으니 이것이 크고 첫째 되는 계명이요 둘째도 그와 같으니 네 이웃을 네 자신같이 사랑하라 하셨으니 이 두 계명이 온 율법과 선지자의 강령이니라 (마 22:37-40).

하나님께서 모세를 통하여 인간이 지켜야 할 열 가지 계명을 주셨다. 그 계명에서도 우선순위 첫째가 하나님을 사랑하는 것이고, 둘째가 이웃을 사랑하는 것이다. 다른 계명들은 우선순위가 이 두 가지 계명 다음으로 가는 것들이다.

그러면 인간이 인간을 사랑하는 데 얼마나 사랑하여야 하는가?

예수님은 다른 사람을 자신을 사랑하는 만큼 사랑하라고 하지 않으셨는가?

그러면 인간이 자기 자신을 사랑하는 마음은 어떤 마음인가?

자신을 사랑하는 마음은 날 때부터 가지고 태어난 본능적인 사랑이고, 그것은 생명의 탄생과 함께 생겨난 것이다. 그래서 인간은 자신을 사랑하는 그 본능을 가지고 태어나 자기중심적인 삶을 사는 존재이다. 자신을 사랑하는 것은 곧 자기 생명을 사랑하는 것이다. 다른 사람을 자신같이 사랑하라는 것을 다른 말로 하면, 자기 생명을 사랑하는 만큼 다른 사람도 사랑하라는 말이다. 자신과 남을 구별하지 말고 자기 생명과 같이 남을 사랑하라는 말이다.

또 한 가지 고려해야 할 것은 이웃을 사랑하고 계명도 지키려면 때로는 몇 가지 계명을 한꺼번에 지켜야 하고, 또 계명들 중에 서로 상충하는 계명들을 동시에 지켜야 할 경우도 있을 수 있다는 것이다. 그럴 때는 그중에서 우선순위가 앞서는 것을 우선적으로 실행하여야 한다.

성경에 예수님이 우선순위를 적용하여 판단하신 경우가 있다.

첫 번째 예는 안식일에 제자들이 밀 이삭을 잘라 먹은 사건이다.

예수님이 안식일에 밀 이삭을 잘라 먹은 제자들의 행동을 변호하신 사건은 언뜻 보면 예수님의 행동이 잘못되었다고 오해할 수 있는 대목이다. 이 문제를 이해하려면 좀 더 근본적인 문제를 생각해야 한다. 이 문제는 사람의 생존과 계명을 지키는 것에 대하여 어느 것이 우선하게 중요한가를 아는 것과 관련이 있다. 사람이 살아가는 데 반드시 필요한 것이 먹는 것이다. 먹지 않으면 생존할 수 없다. 하나님은 인간을 창조하실 때 먹는 본능을 가지도록 창조하셨다. 그래서 아기는 엄마 뱃속에서 태어나자마자 엄마의 젖꼭지를 찾아서 젖을 먹는 본능을 가지고 있다. 배가 고프면 먹으려는 것은 인간의 타고난 본능이다. 그래서 예수님은 안식일을 지키라는 계명보다 생명을 보존하기 위한 먹는 본능을 우선적으로 인정하셨던 것이다.

예수님은 배고파서 밀 이삭을 잘라 먹은 제자들의 본능이 안식일을 지키라는 계명보다 우선하며, 그 행위는 비록 안식일을 범하는 행위이지만 죄가 아니라고 제자들을 변호하셨다. 그 변호를 할 때 그분은 구약성경에 나오는 다윗의 예를 드셨다.

> 그때에 예수께서 안식일에 밀밭 사이로 가실새 제자들이 시장하여 이삭을 잘라 먹으니 바리새인들이 보고 예수께 말하되 보시오 당신의 제자들이 안식일에 하지 못할 일을 하나이다 예수께서 이르시되 다윗이 자기와 그 함께 한 자들이 시장할 때에 한 일을 읽지 못하였느냐 그가 하나님의 전에 들어가서 제사장 외에는 자기나 그 함께한 자들이 먹어서는 안 되는 진설병을 먹지 아니하였느냐 또 안식일에 제사장들이 성전 안에서 안식을 범하여도 죄가 없음을 너희가 율법에서 읽지 못하였느냐 … 나는 자비를 원하고 제사를 원하지 아니하노라 하신 뜻을 너희가 알았더라면 무죄한 자를 정죄하지 아니하였으리라 (마 12:1-7).

예수님은 다윗의 경우를 인용하여 죄가 아니라고 변호하셨다.

두 번째 예는 안식일에 예수님이 병을 고치신 사건이다. 마태복음 12장에 나오는 말씀이다.

> 한쪽 손 마른 사람이 있는지라 사람들이 예수를 고발하려 하여 물어 이르되 안식일에 병 고치는 것이 옳으니이까 예수께서 이르시되 너희 중에 어떤 사람이 양 한 마리가 있어 안식일에 구덩이에 빠졌으면 끌어내지 않겠느냐 사람이 양보다 얼마나 더 귀하냐 그러므로 안식일에 선을 행하는 것이 옳으니라 하시고(마 12:10-12).

이 말씀도 계명을 어기면서 선행을 하는 것은 죄가 아니라는 말씀이다.

그런데 어떤 계명을 우선적으로 지켜야 하고 어떤 계명을 뒤로 미루어야 하는가 하는 문제가 있을 수 있다. 예수님은 안식일을 지키라는 계명과 선행(사랑)을 실천하라는 계명 중에 선행(사랑)이 우선하기 때문에 안식일에 병을 고치는 것은 죄가 아니라고 말씀하셨다. 다시 말하면, 사랑을 베푸는 것이 안식일을 지키는 것보다 우선하는 계명이라는 말씀이다.

사랑이 무엇이기에 그렇게 중요한가?

사도 바울은 고린도전서 13장에서 사랑에 대하여 자세히 설명했다. 그는 세 가지 요점을 말했다. 사랑의 중요성, 사랑의 본질 그리고 사랑의 힘을 구체적으로 설명하였다.

(1) 사랑의 중요성

이미 앞에서 언급한 바와 같이 한 율법사가 예수님을 시험하기 위하여 던진 질문에 예수님이 답하신 말씀에서 그 중요성을 알 수 있다. 즉, "네 이웃을 네 자신같이 사랑하라"(마 22:39)라는 말씀에서 남을 자신과 같이 사랑하라고 하셨으니, 사랑이 얼마나 중요한지를 알 수 있다. 또한, 인간은 생명을 유지하기 위하여 먹어야 하는 존재이고, 자신을 먹이는 것은 인간의 본능이기에, 그 본능과 같이 중요한 것이 사랑이라고도 할 수 있다. 그만큼 기독교는 사랑을 중요시하고 있다.

그 밖에도 고린도전서 13장 1-3절에 사랑의 중요성에 대하여 자세히 설명되어 있다.

> 내가 사람의 방언과 천사의 말을 할지라도 사랑이 없으면 소리 나는 구리와 울리는 꽹과리가 되고 내가 예언하는 능력이 있어 모든 비밀과 모든 지식을 알고 또 산을 옮길 만한 모든 믿음이 있을지라도 사랑이 없으면 내가 아무 것도 아니요 내가 내게 있는 모든 것으로 구제하고 또 내 몸을 불사르게 내 줄지라도 사랑이 없으면 내게 아무 유익이 없느니라(고전 13:1-3).

사람이 천사와 같은 말을 하고, 방언을 하고, 예언을 하고, 온갖 지식이 있고, 산을 옮길 만한 믿음이 있고, 또 자기가 가진 모든 것으로 구제하고 몸까지 불사르게 내주는 믿음이 있어도 사랑이 없으면 아무것도 아니며, 아무 유익이 없다고 강조하였다.

이 말씀은 어떤 신앙 행위보다도 중요한 것이 사랑이라는 말이다. 아무리 믿음이 좋아도 다른 사람에게 사랑을 베풀지 않으면 그 믿음은 아무것도 아니라는 말이다. 이웃과 사랑하며 잘 사는 것이 하나님을 기쁘게 하는 것이며, 하나님께 드리는 최고의 선물은 인간이 서로 사랑하며 사는 것이다.

(2) 사랑의 본질

다른 사람이 침을 뱉으면 더럽다고 느끼는 것이 보통 사람들의 생각이다. 또한, 사람들은 음식을 먹을 때 다른 사람의 수저가 자기 수저에 닿으면 불결하다고 생각하기도 한다.

그러나 사랑하는 사람과 키스를 할 때면 그 사랑하는 사람의 침이 더럽게 느껴지지 않고, 사랑하는 사람이 먹던 아이스크림을 아무렇지도 않게 받아먹는다. 이런 행동은 상대방을 자기 자신과 같이 생각하기 때문에 가능한 행동이다.

그런 남녀 간의 사랑은 아니지만 할아버지, 할머니가 손주를 사랑하는 마음도 대단한 사랑이다. 손주가 감기에 걸려서 콧물이 할아버지나 할머니의 옷에 범벅이 되어도 더럽다는 생각보다는 손주의 아픔을 안타까워하며 품속에 안아 주고, 손주가 똥을 싸도 그 냄새가 구수하게 느껴지며 더럽다는 생각이 들지 않는 것은 손주를 자기 몸과 같이 사랑하기 때문이다.

이보다 더 깊은 사랑도 있다. 어머니의 사랑은 자신의 생명보다 자식을 더 사랑하는 진한 사랑이다.

위에 든 두 가지 예는 희랍어의 아가페적 사랑이다. 즉, 부모와 자식 사이의 사랑이다. 이와 같은 사랑은 핏줄로 이어지는 사랑이기 때문에 어렵지 않게 할 수 있다.

그러나 "네 이웃을 네 자신같이 사랑하라"라는 말씀은 핏줄로 연결되지 않은 남을 나같이 생각하고 나와 남을 구별하지 않는 사랑을 실천하는 삶을 살라는 말이다.

사랑을 실천하면 사람과 사람 사이에는 인정이 생기게 되어 있다.

선교지에서 함께 하나님의 일을 하는 동안 사람 사이에 정이 들어 헤어지면서 눈물을 흘리며 아쉬워한 적이 있다. 그때 나는 이런 글을 적었다.

칼럼 3

정(情)

이곳 캄보디아에 온 지도 벌써 한 달이 지났다.

여름 장마가 시작되기 전에 한국을 떠나 이곳에 처음 도착했을 때는 갑자기 하루 만에 10도나 차이 나는 기후에 적응을 못하여 정신이 없었다.

더구나 한국에서는 아이들 없이 조용하게 살다가 갑자기 대학의 캠퍼스 안에 있는 숙소에 들어와서 여러 사람과 함께 지내게 되었으니 환경 변화에 적응이 어려웠다. 수많은 학생과 교수들, 세계 여러 나라에서 수십 명씩 단체로 방문하여 봉사하는 사람들이 분주하게 움직이고 있으니, 더욱 정신이 몽롱해졌다.

이곳을 방문하여 봉사 활동을 하는 사람들 중에 나와 같이 장기간 머문 사람들이 있었다. 그들은 건장하고 생기발랄한 열다섯 명의 남녀 학생들로 구성된 봉사 단원들이었다.

그들은 미국 캘리포니아대학교(UC, University of California)의 여러 캠퍼스에 다니는 기독 학생들이었다. 그들은 여름 방학 한 달 동안 캄보디아 초등학생들에게 영어를 가르치는 원어민 교사로 봉사하러 온 사람들이었다.

그들은 한국 대학생들과 생김새는 비슷하나 생활 태도가 전혀 달랐다. 그들의 태도는 상당히 여유 있어 보였으나, 나이가 든 나는 그들의 자유분방한 말과 행동을 보고 '저들이 어떻게 선생을 하겠는가' 하는 노파심이 생기기도 했다.

그러나 내 걱정과는 달리 그들은 진지한 태도로 생활했다. 그들은 모두가 영어 악센트로 한국말을 조금밖에 하지 못하는 미국에 사는 한국인 2세들이었지만, 한국적인 예절을 표현하려고 애썼고, 김치를 좋아하였으며, 나에게 말할 때에는 영어로 하지 않고 될 수 있으면 한국말을 하려고 애썼다.

그런데 이들이 한국말을 잘 못하니 대화를 부담스럽게 느끼면서 가급적이면 나를 피하는 눈치였다. 그래도 나는 그들과 대화하기 위하여 시간이 날 때마다 얘기를 나눴다. 그들이 강당에서 초중고 학생들과 대학생들에게 연기 활동(영어를 가르칠 때 연기를 동원해서 재미있게 가르쳤다)을 할 때마다 가서 격려해 주고, 이곳의 어려운 환경에서 고생하는 것도 위로했다.

어느 주말에 그들은 중국에서 온 학생들과 함께 서슴없이 식사를 준비하여 이곳에 머무는 모든 사람에게 식사를 제공하는 친절도 베풀었다.

그런데 이들과는 대조적으로 한국에서 온 이름 있는 단체의 대학생들은 봉사 팀으로 왔다면서 손도 까딱하지 않았다. 오히려 자기네 식사를 준비하는 어머니들이 따라다니면서 저들의 먹을 것을 챙겨 주는 것이 보기에 민망했다. 봉사 활동을 단체로 다닐 때는 대학생들 스스로가 자신들의 먹을 것을 해결하는 훈련도 필요할 터인데 밥하는 사람까지 데리고 다니는 것이 같은 한국 사람으로서 좀 부끄럽다는 생각이 들었다.

그렇게 한 달 동안이나 한솥밥을 먹으면서 하나님의 일을 하며 지내던 그들이 오늘(2008년 8월 3일) 점심을 먹은 후 이곳을 떠난다면서 내게 와서 인사했다. 그들이 떠난다는 말에 나는 어쩐지 마음에 섭섭함을 느꼈다. 한 달 동안 같이 한솥밥을 먹으며 어려운 환경에서 함께 고생스럽게 지내면서 정이 들었던 모양이다. 나는 그들이 타고 갈 버스가 있는 곳까지 내려가서 그들을 환송했다. 그들은 캄보디아 초등학생 아이들과 부둥켜안고 눈물을 흘렸다. 어린 학생들도 연신 눈물을 닦으면서 손을 잡고 놓으려 하지 않았다. 어느 순간 옆에서 보던 나의 눈에서도 눈물이 주룩 흘렀다. 어떤 선생은 아이들에게 둘러싸여서 순진한 눈망울이 초점을 잃고 눈물을 흘리고 있었다. 중국에서 선교 훈련을 받으러 온 열여덟 살 난 여학생도 눈물을 흘렸다.

캄보디아 어린이들, 미국에서 온 한국인 2세 대학생들, 중국에서 선교 훈련을 받으러 온 학생들, 한국에서 온 봉사자들 모두 말이 다르고, 인종이 다르고, 자기의 조국이 달라도 예수 그리스도의 사랑으로 하나 된 마음은 통했다. 이것이 그리스도의 사랑으로 하나 된 정(情)이라는 것인가 보다. 하나님의 복음을 위하여 만나 정이 들고, 헤어질 때는 정을 떼기가 어려워서 눈물을 흘리고 있으니, 그리스도의 사랑으로 얽힌 인간의 정은 플라스마 용광로보다 강한 것 같다.

그들이 탄 차를 떠나보내면서 손을 흔들어 작별하고 방으로 돌아왔으나 섭섭한 마음은 쉬이 가시지 않고 하루 종일 우울했다. 오후에는 학기 말 시험을 친 것을 채점하느라고 늦게 식당에 갔더니, 자유분방하며 티 없이 명랑하던 캘리포니아대학교 학생들(재미 한국인 2세 대학생들)이 식당에 다시 와서 웃음꽃을 피우고 있었다.

그런데 식당 아주머니의 눈이 둥그레졌다. 그녀는 내가 아직 저녁을 먹지 않았다는 것에 놀랐다. 밥과 반찬이 캘리포니아대학교 학생들 때문에 동났기 때문이었다. 떠났던 그들은 갑자기 계획이 바뀌어서 다시 와서 식사를 하게 되었다고 했다. 준비한 음식은 한정되어 있고, 예상 밖에 식구가 많아졌으니 그럴 수밖에 없었다.

내가 먹을 밥이 없어도, 섭섭했던 내 마음이 그들을 보는 순간 활짝 피었다. "사람이 떡으로만 살 것이 아니요 하나님의 말씀으로 산다"라는 말이 있지만 정으로 사는지도 모르겠다.

앞에서 말한 경우보다 훨씬 진한 감동을 주는 사랑도 있다.

어느 해 겨울 미국 워싱턴 디시(Washington DC) 가까이에 흐르는 포토맥(Potomac)강에 비행기가 추락하여 수많은 인명 피해가 난 적이 있었다. 그때 사고 현장을 텔레비전으로 생중계하는 것을 본 적이 있다. 강의 일부에는 얼음이 덮여 있었는데, 비행기에서 탈출한 수많은 사람이 차가운 강물에 빠져서 겨우 얼음을 잡고 헬리콥터가 와서 구출해 주기를 기다리고 있었다.

그중의 한 곳에서 세 사람이 얼음을 잡고 있었다. 60세 정도 되어 보이는 남자가 구출될 차례가 되어서, 헬리콥터를 탄 구조대원이 밧줄을 그 앞으로 내려 주려는데 그가 20대 초반으로 보이는 아가씨에게 그 밧줄을 주라고 손짓을 하면서 구출을 양보하였다. 그래서 헬기는 그 젊은 아가씨를 먼저 구출하여 떠났고, 잠시 후 이 노년의 남자는 얼음을 잡고 있던 손에 힘을 잃고 물살에 휩쓸려 얼음 속으로 사라지고 말았다. 그 광경을 보고 너무나 놀랍고 감동을 받아서 눈물을 흘린 적이 있다.

그 사람도 자기 생명을 사랑하는 인간인데, 왜 자기가 먼저 구출받지 않고 젊은이에게 그 밧줄을 양보했을까?

그는 분명 자기보다 남을 더 사랑하고 자기 목숨보다 젊은이의 목숨을 더 사랑하는 마음이 있어서 구명줄을 젊은이에게 양보했을 것이다. 아마 그는 '나는 이 나이가 되도록 살았지만 저 젊은이는 아직 세상을 제대로 살아 보지도 못했으니, 내가 죽더라도 젊은이를 살려야겠다'라는 마음으로 그런 선택을 했을 것 같다.

이렇게 이웃을 사랑하는 마음이 바로 예수님이 인간을 구원하기 위하여 십자가에 달려 죽은 숭고한 사랑에 버금가는 사랑이 아니겠는가?

사도 바울은 사랑을 실천하기 위하여 마음가짐을 어떻게 가져야 하는지를 다음과 같이 설명하였다.

> 사랑은 오래 참고 사랑은 온유하며 시기하지 아니하며 사랑은 자랑하지 아니하며 교만하지 아니하며 무례히 행하지 아니하며 자기의 유익을 구하지 아니하며 성내지 아니하며 악한 것을 생각하지 아니하며 불의를 기뻐하지 아니하며 진리와 함께 기뻐하고 모든 것을 참으며 모든 것을 믿으며 모든 것을 바라며 모든 것을 견디느니라(고전 13:4-7).

① 오래 참음

사도 바울은 사랑의 본질로 '오래 참음'을 첫 번째로 들었다. 언뜻 생각하면 '오래 참는 것이 어떻게 사랑과 관계있다고 할 수 있는가' 하고 반문할 수 있다. 그러나 사랑을 위한 마음가짐의 기본은 '참는 것'이다. 참으려면 사물이나 인간을 보는 눈과 마음이 넓어야 한다. 무한한 마음의 쿠션을 가져야 가능하다.

참음과 사랑의 관계는 어머니의 사랑에서 쉽게 찾아볼 수 있다. 어머니는 자식을 사랑하여, 아무리 화가 나도 자식이 부모의 마음을 알 때까지 기다리며 참는다. 어머니는 자기의 생명을 잃는 것을 두려워하지 않으며 자식을 사랑하는 본능을 가지고 있다. 어머니는 자식을 위하여서는 모든 것을 참고 견딘다.

〈탕자의 비유〉도 오래 참음이 사랑이란 것을 잘 설명하고 있다. 탕자가 돌아올 때까지 아버지가 기다리지 않았다면 탕자는 아버지 품으로 돌아갈 수 없었을 것이다. 말썽을 부리는 자식을 사랑하려면 부모는 속이 썩어도 참아야 한다. 그래야 그 자식을 부모 품으로 돌아오게 할 수 있다.

사랑하는 마음이 없으면 오래 참을 수 없다. 사랑하는 마음이 있어야 참을 수 있다.

더구나 자기 핏줄이 아닌 남을 사랑하려면 얼마나 참을성이 많아야 할 것인가를 짐작할 수 있다. 오래 참을 수 있어야 이웃을 사랑할 수 있다.

참는 것은 자신의 내면을 다스릴 줄 알아야 가능하다. 그래야 다음에 나오는 "온유"한 태도로 남을 대할 수 있다.

사랑은 오래 참고 사랑은 온유하며(고전 13:4).

자신의 내면을 다스릴 줄 알아야 남이 잘되는 것을 보고도 투기하지 않을 수 있으며, 자기가 잘된 것을 다른 사람들에게 자랑하지 아니하며, 내가 남보다 잘되었다고 교만하지 아니하며, 상대방에게 무례하게 행동하지 아니하며, 성내지 않을 수 있을 것이다.

또 사랑은 자기의 유익보다 남의 유익을 먼저 생각하며, 악한 것을 생각하지 아니하는 것이라고 성경은 말하고 있다.

사랑할 수 있는 마음은 고린도전서 13장 7절에 요약되어 있다.

> 모든 것을 참으며 모든 것을 믿으며 모든 것을 바라며 모든 것을 견디느니라 (고전 13:7).

"모든 것을 참으며"에 해당하는 부분을 영어 성경에서 번역한 것을 보면, 뉴킹제임스버전(NKJV)에서는 "bears"(참다, 견디다)라고 번역했다. 대인 관계를 맺다 보면 마음에 들지 않고 보기 싫은 행동을 하는 사람이 있을 수 있다. 그 싫어하는 사람도 사랑하게 될 때까지 참고, 또 억울함을 당해도 참으라는 말이다.

그런 참는 마음이 있을 때 이웃을 사랑할 수 있다. 조그마한 일에도 화를 잘 내는 사람은 남을 사랑할 수 없다. 그런 사람은 참는 마음부터 길러야 남을 사랑할 수 있다. 그렇지 않으면 이 세상에 사는 동안 사람을 사귀기가 어려워 외롭게 살 수밖에 없을 것이다.

② 믿음

"모든 것을 참으며" 다음으로 "모든 것을 믿으며"라는 말이 나온다. 사람이 살아가는 데에 거짓은 믿지 않는 것이 상식이다.

그런데 모든 것을 믿으라고 하였으니 이것이 가능한가?

상대방의 말이 진실인가 거짓인가를 구분할 줄 아는 것은 쉬운 일이 아니다. 오랫동안 사회생활을 하면서 참과 거짓을 구별할 줄 아는 지혜를 가져야 가능하다.

중국의 부모들은 자기 아이가 남의 말을 듣고 참과 거짓을 구분할 줄 아는 사람이 되라고 가정에서 가르친다고 한다.

또한, 구약성경에서도 계속하여 지혜를 가지라고 권면한다. 거짓과 참을 구별할 줄 알아야 바른 인생길을 찾아갈 수 있다.

그런데 "모든 것을 믿으며"라고 하였으니, 상대방이 거짓말하는 것을 알면서도 그것을 '믿어 주는' 마음을 가져야 한다는 말이다. 사람이 목적을 두고 거짓말을 하더라도 그 말을 그대로 믿어 주고, 손해를 보는 한이 있더라도 온전히 믿어 주라는 말이다.

그러면 언젠가는 상대방이 얼굴을 붉히며 자신의 수치를 알게 되는 날이 올 것을 믿고 기다리라는 말이다. 설령 그 사람이 죽을 때까지 자기 잘못을 깨닫지 못하는 한이 있더라도 사랑으로 사람을 대하는 사람은 다른 사람들로부터 존경을 받을 것이다.

③ 희망

그다음에 나오는 "모든 것을 바라며"라는 말은 모든 것을 긍정적으로 보라는 뜻이다. 비록 절망적인 상황에 처하더라도 새롭고 희망적인 신념을 가지라는 말이다.

인생은 파도 같다고 나는 생각한다. 인생을 사는 패턴은 수학의 사인 커브(sign curve, 단순한 물결 모양이 반복되는 그래프)와 같다. 절망이 있으면 희망이 있고, 또 그 희망 뒤에 절망이 올 수도 있다.

경제적으로 경기가 어려운 절망이 닥쳐도 시간이 지나면 또 경기가 좋은 날이 온다. 인생의 기본적 원리를 염두에 두고 인생을 사는 것이 지혜로운 삶이다. 특히, 절망적인 상태를 맞더라도 희망적으로 보는 눈을 가지고 사는 것은 인간의 삶에 긍정적인 영향을 준다. 그래서 어떤 경우에도 희망을 가지고 사는 사람이 이웃을 사랑할 수 있다.

④ 견디기

그다음으로 사랑은 "모든 것을 견디느니라"라는 말이 나온다. 자기에게 닥쳐오는 모든 어려운 것을 다 견뎌 낸다는 말이다. 이 말을 영어 성경(NKJV)에서는 "endure"로 번역했다. 이 단어의 사전적 의미는 '자기에게 닥친 어려움과 괴로움을 인내를 가지고 참는다'라는 뜻이다. 또 다른 의미는 '살아남는다'(remain in existence, last)라는 것이다.

어떤 어려움을 당하더라도 절망하거나 포기하지 않고 끝까지 살아남으라는 말이다. 모든 것을 견딜 수 있어야 진정한 사랑을 할 수 있다. 흔히 "다른 것은 다 참아도 이것만은 못 참겠다!"라는 말을 한다. 그러나 그래서는 이웃을 사랑할 수 없다. 자기 앞에 닥치는 모든 것을 다 참고 견딜 수 있어야 진정한 사랑을 할 수 있다.

온전한 사랑을 하는 사람은 가는 곳마다 평화가 있고, 웃음이 있고, 즐거움이 있으며, 행복이 있다. 모든 것을 참고 견디는 자만이 참된 사랑을 할 수 있다.

⑤ 의와 진리

고린도전서 13장 6절은 이해하기 좀 더 어렵다.

> (사랑은) 불의를 기뻐하지 아니하며 진리와 함께 기뻐하고 (고전 13:6).

얼핏 보면 '불의'나 '진리'는 사랑과 상관없는 것 같지만, 사랑은 '의'에 기초를 두어야 한다. 즉, 사랑은 진리와 정의에 기초한 사랑이어야 한다.

불의에 근거한 사랑은 아무리 좋은 것처럼 포장해도 사랑이 아니다. 진리가 아니라 불의에 근거를 둔 사랑은 속임수에 지나지 않는다. 일종의 기만이다.

일본이 한국을 침략하면서 '대동아 공영'이라는 거짓 선전을 한 것이 쉬운 예이다. 일본은 한반도를 잘살게 하기 위하여 진출하였다는 궤변을 늘어놓았다. 그들은 조선 백성을 사랑하여 잘살게 하겠다는 거짓 선전을 하여 조선의 주권을 빼앗았고 나라를 짓밟았다. 이런 궤변은 속임수다. 정의와 진리에 바탕을 두지 않은 일본의 침략은 악을 행한 것이다.

일본의 야망에 반기를 들고 의롭게 일어선 윤봉길, 안중근, 이준 열사와 수많은 순국선열은 나라와 민족을 사랑한 사람들이다. 이들은 정의와 진리에 근거하여 애국하는 마음으로 자신을 희생한 분들이다.

안중근 의사는 나라를 사랑하고 일본의 총칼 앞에서 고통받는 백성을 사랑하여 백성의 고통을 덜어 주기 위하여 한반도에서 악을 저지르는 이토 히로부미를 저격하여 쓰러뜨렸다.

독일의 본훼퍼도 유대인을 학살하는 나치의 악행을 저지하기 위하여 목사로서 히틀러 암살 작전에 가담하여 활동하다가 성공하지 못하고 결국 체포되어 2차 세계대전이 끝나기 14일 전에 처형당했고, 순교자로 칭송받고 있다. 그는 살인자를 미워하고, 죽어 가는 유대인을 사랑하여 계명을 어기는 살인에 가담하면서도 불의에 항거한 의로운 일을 하였기에 의에 바탕을 둔 사랑을 실천한 사람으로 칭송받는다.

안중근 의사나 본훼퍼의 행위는 정의에 바탕을 둔 사랑이며, 이런 사랑은 살인하지 말라는 계명보다 우선하여 사랑을 실천한 예라 할 수 있다.

예수님의 죽음도 마찬가지로 의에 바탕을 두었다. 예수님은 전통과 형식에 익숙한 유대인의 신앙관을 신랄하게 비판하고, 구시대적 신앙관을 타파하고, 하나님의 뜻에 맞는 새로운 진리를 가르쳐 사람들을 계몽해서 사회를 새롭게 개혁하려 했지만 기존 신앙의 지도자들의 반대에 부딪혔다.

그러나 그분은 자기 뜻을 굽히지 않고 의와 진리를 대중에게 가르치다가 생명을 잃으셨다. 그분은 의와 진리를 위하여 십자가에 달려 죽으셨다. 인간을 사랑하는 마음이 있었기에 그분은 진리를 포기하지 않고 진리를 고수하다가 십자가에 달려 죽임을 당하셨다. 예수님은 사랑과 의와 진리를 위하여 죽으셨다. 이런 죽음은 숭고한 사랑의 결정체이다.

그러면 의와 불의는 어떤 기준으로 어떻게 판단하여야 하는가?

의와 불의는 때로는 상대적인 것이고 관점에 따라서 다를 수도 있다. 예를 들어, 천평칭(저울의 하나로, 가운데에 줏대를 세우고 가로장을 걸친 후 한쪽에 달 물건을, 다른 쪽에 추를 놓아 평평하게 하여 물건의 무게를 다는 기구)을 생각해 보기로 하자. 가로장의 왼쪽은 불의로, 오른쪽은 의라고 정하고, 줏대는 의와 불의를 판단하는 기준점으로 하였을 때

오른쪽으로 기울면 의가 우선하고 그 반대일 때는 불의가 우선한다고 생각한다면, 사랑은 적어도 기준점보다 오른쪽에 속하는 의에 무게를 두어야 한다.

그러면 그 의와 불의를 판단하는 기준은 무엇인가?

그 기준은 인간의 양심이다. 양심(conscience)의 사전적 의미는 '행동의 옳고 그름을 판단하는 인간 내면의 느낌이나 소리'(an inner feeling or voice viewed as acting as a guide to the rightness or wrongness of one's behavior)이다.

이 양심은 인간이 존재하는 한 내면에 존재하며 항상 인간의 행동에 의와 불의를 판단하는 기준점(줏대) 역할을 한다.

그런데 저울이 어느 쪽으로 기우는지를 아는 것은 인식의 문제이다. 인식(consciousness)은 사전에 '자기의 주위를 알아보고 깨어 있는 상태'(the state of being awake and aware of one's surroundings)로 정의되어 있다. 이 인식도 인간이 살아 있는 한 존재하는 것이다.

주위의 변화를 알아차리고 의와 불의를 판단하는 정도는 인식의 예민성 문제와 관련이 있다. 사람마다 인식의 예민성이 다르다. 마찬가지로 의나 불의에 대한 인식도 천차만별이다.

불의를 저지르면서도 그것을 불의로 인식하지 못하는 사람이라면 사랑을 할 수 없는 사람이다. 진정한 사랑을 하려면 인식이 살아 있고 의와 불의를 판단할 수 있어야 한다.

국가를 움직이는 정치인들의 인식이 잘못되면 국민을 바르게 사랑할 수 없어 국민이 고통을 당할 것이다.

(3) 사랑의 힘

사랑은 어떤 힘을 발휘하는가?

사랑이 어떤 힘을 가지고 있는가에 대하여 사도 바울은 고린도전서 13장 8-12절에서 설명하고 있다.

> 사랑은 언제까지나 떨어지지 아니하되(고전 13:8).

여기서 "떨어지지 않는다"라는 말을 영어 성경(NKJV)에서는 "결코 실패는 없다"(never fails)라고 번역했다. 사랑한 결과에 결코 실패는 없다. 그 결과는 반드시 성공하여 결실을 맺는다는 말이다. 그러나 다른 것들은 그렇지 않다고 하였다. 예언도 폐하고, 방언도 그치고, 지식도 폐한다고 하였다. 그런 것들은 시간이 지나면 다 없어지는 것들이지만 사랑을 실천한 것은 결코 실패하지 않는다고 하였다.

나는 사도 바울의 그 말을 내가 직접 체험해 보고 동의하였다. 아내가 미국에 사는 딸의 산바라지를 하러 갔다가 붙잡혀서 5년 동안 아이를 돌보는 동안 나는 홀로 한국과 미국을 드나들면서 남자가 하기 어려운 생활을 했다. 특히, 유교적 사고방식을 가진 한국 남자가 부엌에 들어가기가 어려웠으나 어쩔 수 없이 그 일을 하면서 사도 바울이 말한 "사랑은 언제까지나 떨어지지 아니한다"라는 말씀의 뜻을 깨달았다. 아내와 나에게 자녀와 손주를 사랑하는 마음이 있어서 그 어려운 일을 할 수 있었다.

그 결과 나는 건강이 좋아지고, 체질도 변하고, 인생관도 바뀌어서 부엌에 들어가는 것에 면역이 생겼다. 요리를 배우게 됨으로 부엌에 드나드는 자유를 얻게 되었고, 사랑이 무엇인지도 좀 더 알게 되었다.

그런 삶을 살아 봄으로 일찍이 옛사람의 옷을 벗어 버리고 새 시대에 맞는 옷으로 갈아입은 듯이, 인류 사회의 패러다임의 변화에서 오는 갈등의 예방주사를 미리 맞은 것과 같은 효과를 보았다.

사도 바울은 이렇게 결론지었다.

> 그런즉 믿음, 소망, 사랑, 이 세 가지는 항상 있을 것인데 그중의 제일은 사랑이라(고전 13:13).

믿음도 중요하고 그 믿음에 바탕을 둔 소망도 중요하지만 그중에서 제일 중요한 것이 사랑이라고 하였다.

사랑은 하나님께서 인간에게 주신 가장 큰 계명이며, 동시에 가장 큰 선물이다.

천사의 말을 하며 예언하고 성경 지식이 많고 산을 옮길 만한 믿음이 있어도 사랑이 없으면 아무 유익이 없으니, 온유하고 겸손하며 모든 것을 믿고 소망을 가지고 오래 참으며 의와 진리에 바탕을 둔 사랑은 실천을 해야 진정한 가치가 있다.

2) 사랑은 실천해야 한다

> 내 형제들아 만일 사람이 믿음이 있노라 하고 행함이 없으면 무슨 유익이 있으리요 그 믿음이 능히 자기를 구원하겠느냐 만일 형제나 자매가 헐벗고 일용할 양식이 없는데 너희 중에 누구든지 그에게 이르되 평안히 가라, 덥게 하라, 배부르게 하라 하며 그 몸에 쓸 것을 주지 아니하면 무슨 유익이 있으리요 이와 같이 행함이 없는 믿음은 그 자체가 죽은 것이라 (약 2:14-17).

이 말씀은 행위가 없는 믿음은 죽은 믿음이라는 뜻이다. 여기서 행위가 있는 믿음이란 사랑을 행동으로 실천하는 믿음을 가리킨다.

일상생활에서 상대방을 다정(nice)하게 대하는 정도로 사랑할 수 있고, 그보다는 좀 더 행동이 따르는 친절(kind)을 베푸는 사랑을 할 수도 있다. 이와는 차원이 다르게 목숨까지 아끼지 않는 사랑을 할 수도 있다.

사랑을 어떻게 실행해야 하는가?

사랑을 어떻게 이해하느냐에 따라 실천하는 방법도 조금 다를 수 있다. 최근에 사랑을 베푸는 사람들의 심리에 대한 연구 결과가 여럿 발표되었다.

임상심리학자이고 『불완전한 사랑의 기쁨』(The Joy of Imperfect Love)의 저자인 칼라 마리 맨리(Carla Marie Manly) 박사는 말했다.

> 상대방을 다정(nice)하게 대하는 정도의 사랑이 있을 수 있고, 그보다는 좀 더 행동이 따르는 친절(kind)을 베푸는 사랑을 할 수도 있는데, 다정하다는 것은 예의 바르고 다른 사람을 기쁘게 하지만 친절한 행동을 하는 것보다는 확실한 보람을 느끼는 데 덜 효과적일 수 있다.

또한, 그는 "만약 당신이 사람들을 다정하게 대한다면, 그것은 그 사람들이 당신에게 특정한 방식으로 반응할 것이라는 기대를 가지고 있는 행동이다"라고 말했다. 다정함이 누군가의 은총을 얻기 위한 전략으로 사용될 수 있다는 말이다.

하버드대학병원의 에쉬 나드카르니(Ash Nadkarni) 박사도 말했다.

> 친절을 베푸는 것은 다정함보다 덜 이기적이다.
> 친절은 아무 대가도 기대하지 않고 베푸는 면이 있고, 나머지 절반은 그 행동이 목적이다. 친절한 사람은 다른 사람에 대한 연민과 진정

한 관심으로 행동한다. 다정함과 친절의 차이는 의도적이냐 아니냐에 달렸다.

버지니아주 롱우드대학교 심리학 부교수인 캐서린 프란센(Catherine Franssen) 박사도 말했다.

> 다정하게 행동하는 것보다는 친절한 행동을 하면 다른 사람들과 더 깊은 관계를 맺을 수 있다.
> 더 많은 친절을 베풀수록, 다른 사람들과 관계를 맺고 삶의 모든 측면에서 더 의미 있는 관계를 맺을 수 있다.

위에서 살펴본 대로, 이웃에게 사랑을 베푸는 것에 관하여 연구한 전문가들의 의견을 보면 알 수 있듯이 대가를 바라고 사랑하는 것은 진정한 사랑이 아니다. 온전히 베풀고 대가를 바라지 않는 사랑이 진정한 사랑이다.

3) 사랑의 실천으로 오는 유익

그러면 사랑하고 친절을 베풀면 자기에게는 아무 유익이 없는가?

사람들이 친절하게 행동할 때 일어나는 신체의 반응을 나드카르니 박사는 이렇게 설명했다.

> 뇌는 옥시토신이라는 호르몬을 분비한다. 사랑 호르몬이라고 널리 알려진 옥시토신은 다른 사람들과의 관계를 촉진하는 데 사용된다. 뇌의 옥시토신의 유입이 두려움과 불안과 관련된 영역인 편도체의 활동을 약화시킨다. 그것은 공포감을 억제하고 뇌의 사회 정서 기능에 강력한 영향을 미친다.
> 만약 다른 사람들을 돕고 스트레스를 덜 느낀 적이 있다면, 그것은 모두 옥시토신의 진정 효과 덕분이다. 신체가 위협을 감지할 때 염증 반응을 유발하는 스트레스 호르몬인 코티솔을 감소시킨다. 또한, 더 적은 양의 코티솔을 유지함으로 옥시토신이 심장을 강하고 건강하게 유지하는 데 도움을 준다. 옥시토신은 광범위한 기능을 가지고 있다. 심혈관 건강을 개선할 뿐만 아니라, 염증을 감소시켜 당뇨병과 우울증과 같은 다양한 질병을 예방할 수 있다.

이런 과학적 연구 데이터를 보면, 사랑을 나눔으로 상대방으로부터 대가를 받지 않아도 자신으로부터 신체적 이득을 저절로 받게 된다는 사실을 알 수 있다.

고린도전서 13장 8절에서 "사랑은 언제까지나 떨어지지 아니하되"라고 하신 말씀과 같이 사랑한 결과는 결코 실패하지 않는다. 그 결과는 반드시 성공하여 결실을 맺는다.

4) 사랑을 베푼 뇌의 반응

솔로몬은 전도서 3장 12절에서 말한다.

> 사람들이 사는 동안에 기뻐하며 선을 행하는 것보다 더 나은 것이 없는 줄을 내가 알았고(전 3:12).

이 말은 기쁘게 이웃에게 사랑을 베푸는 것이 최고의 행복을 느낄 수 있는 방법이라는 뜻이다.

최근 뇌 과학자들의 연구가 활발하여, 뇌에 대한 과학적 설명이 가능하다. 친절한 행동을 할 때 느끼는 따뜻함은 뇌가 엄청난 양의 기분을 좋게 하는 화학 물질을 방출한 결과라고 한다.

캐서린 프란센 박사는 말했다.

> 친절을 베풀면 행복을 포함한 기분과 관련된 신경 전달 물질인 세로토닌의 생산이 촉진된다.

친절은 또한 보상과 즐거움을 담당하는 뇌 화학 물질인 도파민을 분비하여 기분을 좋게 한다. 캐서린 프란센 박사는 덧붙였다.

> 친절을 베풀면 엔도르핀도 분비된다. 엔도르핀은 신체의 아편 시스템을 활성화시키는 화학 물질이다. 마라톤 주자를 흥분 상태로 만드는 것과 동일한 호르몬이다. 엔도르핀은 즐거움을 촉진하고 신체적, 정서적 고통을 덜어 주는 자연적인 진통제 역할을 하는 물질이다. … 다른 사람들을 위해 친절한 일을 하였을 때 누군가가 우리에게 불친절한 일을 해도 그렇게 나쁘지 않게 느낀다.

이런 과학적 근거를 통하여 우리는 사랑을 베푸는 행위로 인하여 솔로몬이 말한 "기뻐하며 선을 행하는 것보다 더 나은 것이 없는 줄을 내가 알았고"(전 3:12)라는 성경 말씀에 쉽게 공감할 수 있다. 이것은 종교적으로 가르친 말씀을 과학적으로 증명한 예이다.

7. 건전한 결혼관

현재 인류 사회에서 통용되고 있는 결혼 제도는 다양하다. 일부일처제, 일부다처제, 일처다부제 등 다양한 제도가 있다. 대부분의 선진국은 우리가 살고 있는 한국과 같이 일부일처제이다. 그러나 우리나라도 1세기 전만 해도 1부2처의 가정을 흔하게 볼 수 있었다. 그러다가 남성 위주의 유교적 사고방식에서 벗어나 서구 선진국과 같은 사회로 바뀌면서 결혼 제도도 선진국형으로 바뀌게 되었다.

그러나 전 세계적으로는 아직도 종교적으로 일부다처제를 유지하고 있는 나라가 많다. 그런 국가들은 그들 나름대로 종교적 이념이 있다.

그러면 과연 어떤 제도가 하나님의 진리 안에서 올바른 제도인가? 창세기 2장 22-24절에 이런 말씀이 있다.

> 여호와 하나님이 아담에게서 취하신 그 갈빗대로 여자를 만드시고 그를 아담에게로 이끌어 오시니 아담이 이르되 이는 내 뼈 중의 뼈요 살 중의 살이라 이것을 남자에게서 취하였은즉 여자라 부르리라 하니라 이러므로 남자가 부모를 떠나 그의 아내와 합하여 둘이 한 몸을 이룰지로다(창 2:22-24).

이 말씀을 근거로 하여 마가복음 10장 9절에 "그러므로 하나님이 짝지어 주신 것을 사람이 나누지 못할지니라 하시더라"라고 하였다. 이 말씀은 인간은 결혼을 해야 하며, 결혼은 반드시 남녀가 해야 한다는 것을 암시하는 말이다. 이 말씀에 따르면, 결혼한 부부는 남녀가 서로 독립되면서도 그냥 어우러져 있는 것이 아니고 완전히 둘이 하나가 되어 있다. 결혼은 하나님께서 남녀 두 사람을 하나로 합치신 것이다. 그래서 인간이 마음대로 나누면 안 된다고 말씀하셨다. 이것은 신이 인간에게 내린 축복이다. 남녀 간의 사랑은 결혼으로 완성된다.

성경을 보면 예수님이 이렇게 말씀하셨다.

> 이러므로 사람이 그 부모를 떠나서 그 둘이 한 몸이 될지니라(막 10:7-8).

이 말씀은 결혼한다는 것은 남자와 여자가 부모를 떠나서 독립된 가정을 이루는 것이라는 뜻이다.

그런데 인류 역사를 보면 남녀 모두 부모를 떠나기보다는 한쪽이 부모를 떠나 배우자의 집으로 가는 경우가 많았다. '여자가 시집으로 가느냐, 남자가 처가로 가느냐'의 문제는 나라와 민족의 전통에 따라 다르다.

우리나라에서 결혼하면 여자가 남자의 집으로 시집을 가게 된 이유는, 우리 사회가 지난 500년 동안 유교 사상에 근거를 둔 남성 위주의 사회였기 때문에 결혼 제도도 남성 위주로 만들어졌기 때문이다. 그런 연유로 여자들은 시집을 가서 고통스러운 삶을 살았다. 남성 위주의 사회는 '칠거지악'(七去之惡, 아내를 내쫓을 수 있는 이유가 되었던 일곱 가지 허물)이란 멍에를 씌워서 여인을 속박하였다. 그래서 여인들은 시집을 가서 '벙어리 3년, 귀머거리 3년'을 거쳐야 그 속박에서 다소나마 숨을 쉴 수 있을 만큼 여성의 인권이 유린되었다.

그러나 유대인 사회는 남자가 여자의 집으로 장가를 가는 모계 사회다. 이런 제도가 있게 된 데는 그만한 이유가 있다.

인류 역사를 뒤돌아보면 많은 변화가 있어 왔다. 그중에 가정의 주도권이 남녀 어느 쪽에 있었느냐 하는 질문의 중심에는 생존을 위한 힘이 크게 작용해 왔다는 것을 유추해서 알 수 있다. 근본적으로 남녀는 신체적 구조가 다르고, 남자는 힘이 세고 여자는 연약하다. 그래서 원시 사회로부터 문명 사회가 될 때까지 힘이 강한 남성이 지배하는 사회가 유지됐다.

그러나 문명의 발달로 인류의 삶이 안정되고 인권이 존중받는 사회로 변하면서, 남녀 동등권이 힘을 얻게 되었고 힘에 의하여 종속적인 삶을 살던 여성들의 인권이 신장된 사회로 변해 왔고 아직도 변하고 있다.

이 변화의 소용돌이 때문에 지구상의 곳곳에서, 이런 변화하는 힘과 이에 저항하는 힘이 충돌하면서 은연중에 두 힘이 대결하는 사태가 벌어지거나 심하게는 전쟁이 벌어지고 있다. 남자의 주권을 빼앗기지 않으려고 전쟁을 하고, 시위를 하며, 갑론을박 토론을 하는 세상이 되었다.

과연 인간은 어떻게 살아야 하는가?

이런 문제를 심각하게 고민해 보고 합리적인 방법을 택하여 사람답게 살아야 할 것이다.

우선 자연계를 보면 대체로 모계 사회가 주를 이루고 있다. 특히, 동물의 세계에서 수컷은 새끼를 기르는 데 관심이 없는 반면 암컷은 새끼를 위하여 온갖 희생을 다하는 모성애를 가지고 새끼를 돌본다. 수컷은 부성애가 없거나, 있어도 모성애를 따라갈 수 없는 미미한 수준이다.

인간도 남자는 여자의 모성애를 따라갈 수 없다. 자식을 위하여 가정을 지키는 마음은 여성이 남성보다 훨씬 강하다. 아마 이런 인간의 특별한 본성 때문에 생육하고 번성하는 가정을 이루라고 성경에서 남자가 집을 떠나 여자에게로 가라고 한 것이 아닌가 하는 생각이 든다.

8. 원만한 부부 관계

> 그러므로 사람이 부모를 떠나 그의 아내와 합하여 그 둘이 한 육체가 될지니 (엡 5:31).

인간은 결혼해서 남녀가 함께 사는 것이 하나님의 뜻이다. 혼자 살거나 동성끼리 사는 것은 하나님의 뜻에 맞지 않다.

결혼한 부부의 마음가짐은 어떠해야 하는가?

인간은 각자의 개성이 독특하다. 전통과 풍습이 서로 다른 가정에서 자라난 남녀가 결혼하여 새로운 가정을 이루는 순간부터 부부는 상대방이 있다는 것을 잊지 말아야 한다. 그렇지 않고 자기가 자란 가정의 전통과 방식을 고수하며 자기중심적인 사고를 하면 부부간에 문제가 생겨 갈등을 유발하게 되고 권태기도 금방 오게 되며 심각한 문제로 발전할 수 있다.

이런 사태가 오지 않게 하려면 어떻게 해야 하는가?

첫째, 남녀 둘 다 결혼 전에 가졌던 자신만의 생각을 내려놓고, 결혼 후에 부부가 함께 살기 위한 마음을 준비해야 한다.

혼자 살 때 가졌던 독선적인 마음을 정리하고 상대방과 더불어 살 마음을 준비해야 한다. 최선의 방법은 마음과 몸을 상대방에게 맡길 준비를 하는 것이다. 막연하게 자신을 상대방에게 맡기는 것이 아니라 하나님께서 인간을 창조하신 그 사랑에 근거하여 자신을 상대방에게 맡길 준비를 해야 한다.

여기에는 신령한 말을 하고, 신령한 노래를 하며, 영적으로 서로 나눌 수 있는 준비를 하는 것도 포함된다.

둘째, 어떻게 상대방에 대해 생각하며 행동해야 하는가를 알아야 한다.

에베소서 5장 22절에서 아내들에게 "자기 남편에게 복종하기를 주께 하듯 하라"라고 말씀하셨고, 에베소서 5장 25절에서 남편들에게 "아내 사랑하기를 그리스도께서 교회를 사랑하시고 그 교회를 위하여 자신을 주심같이 하라"라고 말씀하셨다. 또 에베소서 5장 28절에서 "이와 같이 남편들도 자기 아내 사랑하기를 자기 자신과 같이 할지니 자기 아내를 사랑하는 자는 자기를 사랑하는 것이라"라고 말씀하셨다.

이 말씀을 종합하면, 남녀는 결혼하면 자기중심적인 삶을 버리고 상대방을 중심으로 생각하고 생활해야 한다.

셋째, 주위에 있는 가족의 태도도 중요하다.

에베소서 5장 31절에 "그러므로 사람이 부모를 떠나 그의 아내와 합하여 그 둘이 한 육체가 될지니"라는 말씀이 있다. 남녀가 결혼하면 부모를 떠나 독립하는 것이 신앙적이다. 양가의 가족은 이들이 서로 복종하고 사랑하는 데에 간섭하거나 영향을 미치지 않는 것이 좋다.

결혼한 남녀가 아름다운 인생을 사는 데는 부모나 주위의 사람들의 협조가 필요하다. 그들이 가족에게 얽매여서 제약을 받지 않도록 그들에게 자유를 주어야 한다. 특히, 새로운 시대의 변화에 맞는 부모, 형제의 이해와 협조가 필요하다.

9. 성공하는 인생

　성공하는 인생은 어떻게 사는 인생인가?

　성공하는 인생의 정의는 각자의 인생관에 따라 다를 수 있다. 보편적인 대중의 견해로는 높은 자리에 올라 권력을 가지는 것, 돈을 많이 버는 것, 높은 학문을 쌓아 위대한 학자가 되는 것, 위대한 정신적 지도자가 되는 것 등을 성공의 척도로 여긴다.

　과연 어떻게 살아야 성공한 인생을 살았다고 할 수 있을까?

　2003년 8월 벡스코(BEXCO, 부산 전시 및 컨벤션 센터)에서 제9차 동남아시아 및 서부 태평양 지역 학회가 열리는 동안 미국의 명문 대학의 정신과 교수 한 사람을 만나 폭넓은 대화를 나눈 적이 있다. 학회가 진행되는 동안 우리는 틈만 나면 대화를 나누었다. 그는 유대인이었고, 내가 묻는 질문에 거침없이 대답했다. 내가 물었다.

　"지구상에 사는 수많은 종족 가운데서 인류에게 공헌하고 역사에 빛나는 일을 한 사람 중에는 특별히 유대인이 많은데 그 이유가 무엇입니까?"

　이 질문에 대한 대답으로 그는 두 가지를 얘기했다.

　첫째, 유대인은 2천 년 동안 나라를 잃고 세계를 유랑하면서 핍박을 받아 왔고, 특히 2차 세계대전 때는 나치에 의하여 600만 명이 독

가스로 죽는 박해를 받은 민족이기에 살아남으려면 자기 발전만이 살길이라는 것을 알았기 때문이다.

둘째, 유대인의 'nachus'(나처스) 때문이다. 이 말의 사전적 의미는 '자랑스러운 만족감'이다. 이것은 유대인이 가진 신조이다. 즉, '인간을 가르칠 때 성취해야 할 최종 목표'(principle of accomplishments of people you mentor)가 학자(scholar)가 되는 것이라고 한다. 우리는 일반적으로 유대인 사회에서 돈을 잘 버는 것이 최고의 성공으로 여겨지는 줄 알고 있으나, 그의 설명은 달랐다. 유대인은 학문적 성취를 최고의 성공으로 생각한다고 한다.

인류 역사에서 가장 위대한 공헌을 한 세 사람을 꼽으라면 정신분석학자 지그문트 프로이트(Sigmund Freud), 양자역학의 대가인 앨버트 아인슈타인(Albert Einstein) 그리고 공산주의 이론가 카를 마르크스(Carl Marx)를 든다. 이들은 모두 다 유대인 가정에서 태어났고, 인류가 살아가는 데 중요한 원리를 알아내거나 방향을 제시한 유명한 학자들이다. 유대인이 추구하는 삶의 최고의 목표가 인간의 삶에 영향을 주는 위대한 학문의 성취에 있다는 사실에 쉽게 납득이 간다.

몇 년 전에 미국의 시사 주간지 「타임」(Time)에서 인류 역사상 가장 위대한 일을 한 사람으로 아인슈타인을 선정했다. 그와 함께 최종 후보까지 올라왔던 프랭클린 루스벨트의 조상도 유대인이다. 그는 미국 역사상 유일하게 대통령을 네 번 한 사람이다. 그만큼 유대인은 학문을 존중하고 열심히 살았기 때문에 그런 결과가 나왔다고 할 수 있다.

현대인은 물질 중심의 삶에 목표를 두는 경향이 많다. 그러나 물질은 자기 삶과 체면을 유지할 만큼만 확보되면 그 이상의 것은 별 의미가 없다.

사람이 나서 한 번 사는 인생인데 자기 인생의 최고의 목표를 어디에 두느냐에 따라 진정한 성공을 하느냐 못하느냐가 달려 있다. 목표 설정의 잘못으로 말미암아 인생을 다 살고 나서 뒤를 돌아보면서 '인생을 잘못 살았다'라고 후회해 봐야 그때는 이미 시간이 다 지나갔으니 소용이 없다.

우리가 인류 사회에서 참으로 할 만한 일을 선택하여 자기 생을 걸고 최선을 다하여 인류의 삶에 덕을 끼치는 것이 성공한 인생을 사는 것이라는 그 유대인 교수의 말에 나는 기꺼이 동의했다.

1) 성공하는 인생을 살려면

성공하는 인생을 살려면 어떻게 살아야 하는가?

이 질문의 답은 간단하지 않다.

성공하려고 애써서 성공하는 사람이 있고, 못하는 사람도 있다. 성공하는 데 절대적으로 필요한 것이 때를 잘 만나는 것이다. 현대 사회에서 때를 가장 잘 만난 사람을 들라고 하면 나는 주저하지 않고 빌 게이츠(Bill Gates)와 스티브 잡스(Steve Jobs)를 들고 싶다. 그들은 인류 문명의 발달 중에 컴퓨터와 통신의 발달이 시작되는 초기에 그들의 재능을 발휘할 수 있는 때를 만난 행운의 천재들이다.

빌 게이츠는 새로운 전파 과학의 발달에 눈을 뜨고 하버드대학교를 다니다가 인터넷이라는 새로운 사업의 영감을 얻고 학업을 중단하고 사업을 시작하여, '마이크로소프트'를 창업하여 개인용 컴퓨터 시대를 열었고, 소프트웨어 혁명을 이끌었다. 그로 인하여 인류는 엄청난 문명의 혜택을 받으며 편리하게 살 수 있게 되었다.

빌 게이츠의 사업이 성공하면서 강물이 바다로 들어가듯이 자연스럽게 엄청난 돈이 그의 주머니로 들어가게 되었다. 현재 그는 자선 사업을 통해 보건과 교육 문제 해결에 집중하고 있다.

스티브 잡스는 1976년 '애플'을 창업했다. 애플은 그래픽(그림이나 사진 등) 기반의 사용자 시스템을 채택하여, 당시 문자 중심의 명령어 입력 방식이 일반적이던 컴퓨터 시장에 큰 변화를 가져왔다. 이후 애플은 아이폰, 아이패드와 같은 혁신적인 제품을 만들어 세계에서 가장 유망한 기업으로 성장했다.

나는 이런 개인의 예와 같이 '한 나라의 번영도 때를 만나야 이루어질 수 있다'라고 생각하여 칼럼을 쓴 적이 있다.

> 칼럼 4

좋은 열매

가을이 오면, 아름다운 내설악 단풍이 생각나서 다시 한번 가 보고 싶은 충동을 느낀다.

또한, 아름다운 초가집 주위에 빽빽이 둘러선 감나무의 앙상한 가지 위에 빨갛게 익은 감이 파란 하늘 위에 높이 달려 찬 서리를 기다리는 모습, 가시 돋친 밤송이 사이로 살며시 내민 밤알이 어린아이와 같이 웃음 짓고 늙은 모과나무에는 모과가 노랗게 익어 고개를 늘어뜨리고 있을 때면 집 앞의 들판에는 누런 벼가 가을바람에 물결치는 아름다운 한국의 가을 풍경을 눈앞에 그려본다.

이런 계절의 변화가 있을 때마다 나는 어린 시절의 추억을 더듬게 되고, 나이가 더 들어서는 인생을 생각하게 된다.

구약성경 전도서에서 솔로몬이 인생을 다 살고 말년에 한 고백을 살펴보자.

전도자가 이르되 헛되고 헛되며 헛되고 헛되니 모든 것이 헛되도다 (전 1:2).

내가 해 아래에서 행하는 모든 일을 보았노라 보라 모두 다 헛되어 바람을 잡으려는 것이로다(전 1:14).

내 손으로 한 모든 일과 내가 수고한 모든 것이 다 헛되어 바람을 잡는 것이며 해 아래에서 무익한 것이로다(전 2:11).

얼른 보면 이 말씀들은 단순히 '인생은 헛된 것이다'라고 생각하며 허무주의에 빠지게 할 수 있는 말씀이다.
과연 인생은 헛된 것으로 끝이 나는가?
나는 그렇지 않다고 생각한다. 이 말씀은 인생을 살면서 어떤 목적을 이루기 위하여 고군분투해서 목적을 이루어 봐야 죽음 앞에서는 별것 아니니 거기에 생을 걸고 야단스럽게 살지 말라는 메시지를 포함하고 있는 표현으로 이해하는 것이 좋을 것 같다.
그러면 어떻게 살라는 말인가?
그다음에 나오는 말씀을 보자.

사람들이 사는 동안에 기뻐하며 선을 행하는 것보다 더 나은 것이 없는 줄을 내가 알았고 사람마다 먹고 마시는 것과 수고함으로 낙을 누리는 그것이 하나님의 선물인 줄도 또한 알았도다(전 3:12-13).

그러므로 나는 사람이 자기 일에 즐거워하는 것보다 더 나은 것이 없음을 보았나니 이는 그것이 그의 몫이기 때문이라(전 3:22).

사람이 하나님께서 그에게 주신 바 그 일평생에 먹고 마시며 해 아래에서 하는 모든 수고 중에서 낙을 보는 것이 선하고 아름다움을 내가 보았나니 그것이 그의 몫이로다(전 5:18).

네 헛된 평생의 모든 날 곧 하나님이 해 아래에서 네게 주신 모든 헛된 날에 네가 사랑하는 아내와 함께 즐겁게 살지어다 그것이 네가 평생에 해 아래에서 수고하고 얻은 네 몫이니라(전 9:9).

일의 결국을 다 들었으니 하나님을 경외하고 그의 명령들을 지킬지어다 이것이 모든 사람의 본분이니라(전 12:13).

이 말씀들을 종합하면 "기뻐하며 선을 행하고, 모든 수고하는 중에 낙을 누리고, 사랑하는 아내와 즐겁게 살면서 하나님을 경외하고 그 명령을 지키는 것이 사람의 본분이라"라고 말씀하신 것이다. 즉, 하나님을 공경하고 그의 명령을 지키고, 기쁜 마음으로 이웃을 사랑하고, 즐거운 마음으로 일하며, 사랑하는 아내와 즐겁게 사는 것이 사람의 본분이라는 말이다.

자연을 보아도 "인생은 헛된 것만이 아니다"라고 가르쳐 주고 있다. 가을이 되어 들판에 익어 가는 오곡과 나무 위에 달린 과일을 보면 인생이 아름답게 느껴진다. 헛되거나 헛되지 않은 것은 보는 주체의 관점에 달렸다. 젊은 시절에 희망과 용기가 용솟음치는 때와 인생을 다 살고 죽음만 기다리는 때에는 보는 관점이 다를 수밖에 없다.

좋은 나무와 나쁜 나무는 그 맺히는 열매로 구분할 수 있다(눅 6:44). 또한, 나무가 열매를 맺으려면 줄기가 뿌리에 붙어 영양을 공급받아야 한다(요 15:4). 하나님의 은총과 예수 그리스도의 가르침을 영양 공급원으로 하여 하나님의 믿음 안에 살면 좋은 열매를 맺을 수 있다.

인생은 헛된 것이 아니고 참으로 좋은 열매를 맺을 수 있는 아름다운 것임을 후대 사람들에게 보여 준 사람이 있다. 그가 바로 사도 바울이다. 그는 인생을 다 살고 나서 고백했다.

> 나는 선한 싸움을 싸우고 나의 달려갈 길을 마치고 믿음을 지켰으니 이제 후로는 나를 위하여 의의 면류관이 예비되었으므로 주 곧 의로우신 재판장이 그날에 내게 주실 것이며 내게만 아니라 주의 나타나심을 사모하는 모든 자에게도니라(딤후 4:7-8).

우리도 인생을 다 살고 나서 사도 바울과 같이 고백하자.
"선한 싸움을 싸우고 나의 달려갈 길을 마치고 믿음을 지켰으니 이제 후로는 나를 위하여 의의 면류관이 예비되었다!"
자신 있게 고백할 수 있는 삶을 살면, 좋은 열매를 맺는 인생을 살았다고 자부할 수 있을 것이다.

칼럼 5

한국인의 성공 시대

몇 해 전에 학회에 갔다가 오는 길에 하와이를 들렀던 적이 있다. 우리는 오랫동안 미국에 살았지만 그전까지 하와이를 가 본 적이 없었다. 아내와 함께 호놀룰루 와이키키 해변의 호텔에 여장을 풀었다. 공기가 맑고, 태양 빛이 강하며, 바람이 강하였다. 그러나 습기가 많아 호흡할 때 기분이 별로 좋지 않았다.

우리는 섬 문화 축제를 구경하러 갔었다. 섬마다 자기들의 고유한 문화 행사를 하는 장소가 여러 곳에 산재해 있었다. 공연 일정이 차례로 이어지는데, 구경하러 온 세계 각국의 사람들이 정해진 시간에 원하는 공연을 보기 위하여 정해진 장소로 모여들고 있었다.

그런데 유난히 일본 사람들이 깃발을 든 안내자를 따라서 공연 장소의 제일 좋은 자리에 먼저 자리를 잡고 앉은 것이 좀 특이해 보였다. 그 주위로 한국 사람을 비롯한 세계 여러 나라 사람들이 둘러서서 구경했다.

야자 열매를 따서 그 속에 든 코코넛을 긁어내는 쇼를 하는 중에 사회자가 각 나라의 이름을 부르면서 한 사람씩 나와서 한번 해 보라고 했다. 나라 이름을 부를 때마다 다른 나라 사람들은 잘 나가서 하는데, 일본 사람들은 아무리 불러도 나가지 않았다. 할 수 없이 초등학교 3학년 정도 되어 보이는 한 어린아이를 억지로 권해서 겨우 나갔다.

그런데 사회자가 한국인을 부르니까 서로 나가려고 야단들이었다. 한국 사람들은 다른 나라 사람들과 달리 서로가 하겠다고 나서는 것이 특별했다.

나는 일본 사람과 한국 사람의 이런 특이한 행동을 보고 그 이유를 생각해 보고 금방 결론을 얻었다. 한 나라의 국민성은 그 나라의 문화에 기인한다는 생각이 들었다. 일본은 수백 년 동안 사무라이 문화에 의하여 나라가 운영되어 왔기 때문에 봉건 영주의 말만 잘 듣고 순종하면 살아남을 수 있었으나 영주의 말이 없는데 마음대로 행동하면 단칼에 목숨을 잃을 수도 있었다. 이런 그들의 역사와 전통이 오늘날 일본인의 행동으로 정착하지 않았을까 하는 생각이 들었다.

이와는 반대로 한민족은 자유를 사랑하는 민족이다. 5천 년 역사에서 강대국의 침략을 그렇게 많이 받았어도 속박을 싫어하며 자유를 위하여 싸워서 나라를 지켜 온 끈질긴 민족성을 가지고 있다. 자유를 갈망하는 우리 민족은 자기 생각과 행동에 창의력과 상상력도 자유롭게 발휘한다. 그래서 과학과 예술과 스포

츠에 특출한 인재가 많다. 우리 민족은 세계 최초로 금속 활자를 발명하였고, 세계에서 몇 안 되는 자기 고유의 문자를 가진 문화 민족이며, 세계에서 가장 아름다운 불상(석굴암 불상)을 조각하여 서구 사람들에게는 신을 만들었다는 칭송을 받는 우수한 예술성을 가진 민족이다.

인류는 21세기를 맞으면서 새로운 세상에 살고 있다. 인류 역사 8천 년을 시대적으로 구분한다면 19세기 산업혁명 이전의 시대는 농업에 의존했고, 19세기에는 산업혁명으로 여러 나라가 공업국으로 도약하여 좀 살 만한 세상이 되었으며, 20세기에는 전기와 기계의 실용화로 인류가 좀 더 나은 생활을 하게 되었다.

21세기가 되면서 인류 사회는 전자와 통신 그리고 생명 과학의 발달로 새로운 혁명의 시대로 접어들었다. 바로 자유를 좋아하며 자유가 있으면 신바람이 나서 날개를 달고 온 천지를 날아다닐 수 있는 한민족의 시대가 온 것이다.

자유를 체질적으로 좋아하며 간섭받기를 싫어하는 한민족의 특성을 잘 살릴 수 있는 좋은 기회가 우리에게 왔다. 세계가 하나로 통합되는 사이버 시대는 우리 한민족의 시대이다. 이미 우리는 세계에 두각을 나타내기 시작하였다. 전자와 통신, 컴퓨터 분야에서 세계적인 상품을 만들어 세계 사람들의 관심을 집중시키면서 팔고 있다.

한국의 운동선수들이 세계 최고가 되고, 위대한 수학자와 과학자가 인류 역사를 변화시킬 위대한 업적을 이루었으며 또 앞으로 엄청난 영향을 미치게 될 것이다.

우리 민족은 자유롭게 활동하도록 분위기를 만들어 주면 신바람이 나서 더 잘하는 민족이다. 신명 나게 세계적 제품을 더 많이 만들어 세계를 상대로 팔 수 있을 것이며, 그에 따른 부는 우리의 부가 될 것이 자명하다.

지금 21세기는 우리 한민족의 시대라는 것을 인식한 자들은 이 시대를 놓치지 말고 기회를 잡으면 세계적 갑부가 될 수도 있으며 인류 역사에 위대한 일도 할 수 있을 것이다.

특히, 어린이나 젊은이들은 이 시대를 자기 발전을 위하여 잘 활용하기 바란다.

우리의 때가 왔으니 기회를 놓치지 말라!

지금이 우리의 때이다.

칼럼 6

성공하는 교회 교육: 평등하되 다양하여야

백여 년 역사를 가진 한국 기독교는 유년기와 청년기를 지나 이제 장년기를 넘어섰다.

지금까지 한국 교회는 교인의 영적 훈련을 마치 신병 훈련소에서 군인을 훈련시키듯 획일적이고 무조건적 순종을 강조하며 해 왔다.

순종만 잘하는 교인들 중에는 환란이나 어려움이 닥쳤을 때 스스로 환란을 극복할 능력이 없어서 자신을 포기하는 자가 있는가 하면, 시키면 하고 시키지 않으면 자기 위치를 찾지 못하여 하나님 앞에서 해서는 안 될 악의 중심에 서는 자도 있다. 그런 안타까운 현실을 주변에서 보아 왔다.

이제 우리는 장년다운 성숙한 한국 교회의 모습을 보일 때가 되었다고 생각한다. 이제 한국 교회는 지금까지 견지해 온 교회 교육의 틀을 탈피하여 차원 높은 신앙인을 길러 내는 새로운 틀을 구축하는 데 눈을 돌려야 할 것이다.

그렇지 않으면 멀지 않은 장래에 한국 기독교는 엄청난 속도로 쇠퇴의 길을 걷게 될 것이다. 때가 늦기 전에 우리는 자라나는 어린 학생들은 물론 기성 교인들의 신앙관도 바르게 정립하여 건전한 교인으로 길러 내는 데 최선의 노력을 기울여야 할 것이다.

우리가 목표하는 교인은 말씀을 통하여 스스로 영적 영양 공급을 받을 줄 알고, 자기의 위치에서 기독교인으로서 자랑스러운 삶을 살아갈 수 있으며, 환란이 닥쳐도 흔들림 없이 자기 신앙을 지킬 수 있는 성숙한 교인을 말한다.

이런 교인을 길러 내기 위한 교육은, 개인이 자발적으로 하나님의 말씀을 영적 양식으로 스스로에게 공급할 줄 알게 하는 것이다. 또한, 영적 양식을 스스로 공급하고자 하는 동기 유발을 중심축에 두고, 말씀을 스스로 잘 음미하여 자생하는 능력을 길러 주어야 한다.

이런 기독교 신자를 길러 내기 위하여 우리는 먼저 모든 인간이 하나님 앞에서 평등하게 태어났고, 또한 하나님으로부터 받은 권리도 동일하나, 각자가 다른 재능을 가지고 있다는 사실을 인식하여야 한다.

그러나 그동안 한국 사회의 교육 평준화 정책으로 말미암아 인간의 다양한 능력은 무시당하였고 우수한 학생들이 자기 재능을 발휘할 수 있는 기회를 잃었으며, 수많은 우수한 인재가 무능한 사람으로 전락했다.

이런 평준화 정책의 영향과 지난 수십 년간 지속된 한국 교회의 순종 위주의 영적 교육은, 교인들을 수동적인 영적 훈련을 받는 데 익숙하게 만들었으며 그 결과로 많은 우수한 교인의 영적 부흥의 싹이 잘리게 되었다.

진정한 교회의 발전을 위해서는 교인의 재능의 다양성을 인정하고 그 다양한 재능을 무한의 경지까지 발휘할 수 있도록 교회가 교육하고 분위기를 조성하는 데 노력해야 한다. 모든 사람을 평등하게 취급하면서도 각자의 특성에 맞게 특수하게 교육해야 할 것이다.

2) 성공하는 자녀 교육

자녀를 어떻게 길러야 성공하는 자녀로 길러 낼 수 있는가?

인류 역사를 통하여 인간 교육의 방법론에는 스파르타식 교육과 아테네식 교육이 양대 산맥을 이루어 왔다. 전자는 군대식으로 교육하여 목적에 맞는 인간을 길러 내는 것을 강조하고, 후자는 인간의 개성을 존중하며 교육하여 자신의 타고난 재능을 발휘할 수 있는 지혜로운 인간을 길러 내야 한다는 것에 중점을 두고 있다. 지금도 이 논쟁은 계속되고 있다.

그러면 우리는 어떤 방법으로 우리의 자녀를 교육해야 하는가?

이 문제는 간단하게 답할 수 있는 문제가 아니다. 가르친다는 것은 한자로 '***教育***'(교육)이라고 쓰고 있으나 그 진정한 의미는 넓고 깊다.

지금 한국은 시대적 변화의 물결에 영향을 받아 교육의 본질에 대한 개념이 흔들리고 있다. 교육 당국과 대학들은 학생들에게 무엇을 가르쳐야 하는지에 대하여 혼돈을 유도해 왔다. 다른 무엇보다 유능한 인재에 대한 개념에 혼돈을 주었다. 가장 심각한 실수는 기억력이 좋은 사람만이 유능한 사람으로 평가받는 잣대를 설정해 놓고 학생들을 그 그릇된 잣대로 평가해서 한 줄로 세웠다는 것이다.

그러다 보니 기억력은 떨어져도 다른 많은 방면에서 재능을 가진 수많은 아이를 무능한 사람으로 평가하는 우를 범했다. 그래서 지난

30년 동안 우리는 많은 아까운 인재를 인생의 패배자로 몰아 쓰레기통으로 몰아넣어 왔다.

내가 이런 말을 하는 이유는 그런 교육 정책 때문에 천재 한 사람이 폐인이 되었다는 이야기를 들었기 때문이다.

1970년대 초반의 일이다. 우리나라에서 최고의 명문 대학교를 수석으로 입학하고 수석으로 졸업한 수재가 미국으로 유학을 가서 박사학위를 따지 못하고 정신병자가 되어서 귀국했다는 말을 그의 친구를 통해서 듣고 나의 귀를 의심했다. 그러나 그것은 사실이었다.

왜 그런 현상이 일어났을까?

나는 그 이유가 그 사람을 교육한 부모와 학교와 한국 때문이라고 생각한다. 즉, 우리의 교육 정책이 암기식 교육을 받게 했기 때문이라고 생각한다.

그는 한창 자라는 유년기, 즉 두뇌의 발달이 활발한 시기에 암기식 교육을 받으며 자랐기 때문에, 암기하고 기억한 것을 불러내는 뇌의 기능은 잘 발달하여 질문을 받으면 정답을 답할 수 있는 능력은 탁월하였다. 그래서 늘 1등을 할 수 있었지만, 사고하여 창의성을 발휘하는 기능은 발전할 기회가 없었다. 지혜롭게 사고하는 능력을 갖추지 못한 채 두뇌가 굳어졌기에 창의적이고 새로운 일을 하는 능력은 발달하지 못했다.

미국에서는 배운 것을 기초로 하여 배우지 않은 새로운 아이디어를 창출할 수 있어야 학점을 딸 수 있고 논문도 쓸 수 있다. 그렇게 하려면 두뇌가 지혜롭고 열려 있어야 한다.

그 사람의 이야기를 들은 후부터 나는 어떻게 자녀 교육을 해야 하는가 하는 문제를 생각하다가 아이디어가 생각날 때마다 칼럼 형식으로 쓰기 시작했다.

우리는 자녀를 지혜 있는 자로 길러야 한다. 이제 새 시대가 왔다. 인간의 능력은 하나님께서 개인에게 주신 특별한 축복이다. 우리는 이 개인의 능력을 최대한 발휘할 수 있는 인재로 길러야 한다. 이제 기억력 중심의 지식을 전달하는 교육에서 탈피하여야 한다.

가르치는 자는 배우는 자에게 지식을 습득하는 방법을 가르치고, 그 지식을 응용할 줄 알게 하며, 궁극적으로 새로운 세계를 개척하여 인류가 행복하게 살 수 있는 사회를 건설할 줄 아는 인재를 길러 내야 한다. 즉, 지식을 가르치려 하지 말고 지혜를 가르쳐야 한다.

지식을 가르치면 배운 것만 알고 배우지 않은 것에 대해서는 여전히 무식자이다. 그러나 지혜 있는 자로 기르면 배우지 않은 것도 스스로 해결할 능력을 가지게 된다. 또한, 지혜 있는 자로 양성하면 하나를 가르치면 열 배, 백 배 또는 천 배의 효과를 낼 수 있는 사람이 될 수 있다. 이런 인재를 양성하여야 한다.

교회의 교육도 이런 차원에서 하여야 할 것이다. 성경 한 절 한 절의 의미를 가르치는 데 급급하지 말고 믿음의 식구들이 성경 말씀을 스스로 읽어서 그 말씀이 가르치는 진정한 의미와 교훈이 무엇인가를 스스로 깨닫도록 지도하여야 할 것이다.

그리하여 일정한 기간 동안 교육을 받으면 그 후로는 스스로 말씀을 통하여 생명력을 유지하는 성숙한 신앙인이 되도록 하여야 진정한 의미의 교회 교육이 될 것이다.

교육이 말로만 알아듣고 습득하는 데에 그치면 그것은 죽은 교육이다. 배운 것을 깨달았으면 그것을 행동으로 실천하여 내가 사는 주위에 영향을 미쳐야 비로소 교육이 된 것이다. 이 방법은 비록 시간이 걸릴지라도 인내를 가지고 장기적인 안목에서 실천하여야 한다.

또한, 이웃을 사랑할 줄 아는 자녀로 길러야 한다.

사람이 행복하게 살아가는 데 반드시 갖추어야 할 중요한 두 가지 요소가 있다.

첫째, 온유한 마음이다.

이런 마음을 가지기 위해서는 아주 어린 시절에 부모가 바람직한 환경을 만들어서 아이를 도와주어야 한다. 가능한 한 아이가 평화롭고 행복하게 살면서 자라는 것이 중요하다. 사랑을 받으며 살아야, 아이가 사랑할 줄 아는 사람으로 자란다.

그렇다고 너무 지나치게 사랑하는 표시를 하면 도리어 아이를 망칠 수 있다. 사랑하되 지나치지 않도록 주의해야 한다.

둘째, 인생을 개척할 수 있는 판단 능력이다.

이것은 자신의 노력으로만 가능한 것이다. 다른 사람이 갖게 해 줄 수 없고, 반드시 자기가 성장하는 동안에 갖추어야 아름다운 인생을 살 수 있다.

힘이 모자라면 다른 사람의 힘을 빌릴 수 있고, 손이 모자라면 다른 사람의 손을 빌릴 수 있다. 지식이 모자라면 다른 사람의 머리를 빌릴 수도 있다. 그러나 빌릴 수 없는 것이 판단력이다.

인간이 진정 행복하게 사는 데 필요한 요소인 지혜는 다른 사람이 갖게 해 줄 수 없다. 행복하거나 행복하지 않은 것은 남에게 달려 있지 않고, 자신이 생각하기에 따라서 행복과 불행이 결정된다. 남의 판단력을 빌려서 자신이 일을 해 나갈 수 있다고 생각할 수 있으나 그 마지막 책임은 자신이 져야 한다.

> **칼럼 7**

성공하는 자녀 교육

❶ 태양은 머물지 않는다

1984년에 세상을 떠난 지난 세기의 위대한 사진작가 안셀 애덤스(Ansel Adams)가 찍은 〈월출〉(Moonrise)이란 작품이 있다. 비록 사진 인화지에 인화된 사진은 아니지만 그가 낸 사진집에 있는 그 작품을 보고 나는 큰 감명을 받았다. 묘비가 빽빽하게 들어선 공동묘지 위 구름 사이로 둥근 달이 창백한 모습으로 묘비를 내려다보면서 떠 있는 사진이다.

나는 그 사진을 보면서 세월이 흐르면서 수많은 사람이 이 세상에 왔다가 갔고, 또 태양은 1초도 멈추지 않고 움직이면서 시간을 재촉하고 있다는 생각이 들었다.

방금 서쪽으로 넘어간 해는 이미 오늘을 마감하였으며 그 아쉬운 마음을 위로라도 하려는 듯이 찬란한 태양 대신에 달을 떠오르게 하여 어두움을 두려워하는 인간을 위로하려는 것 같았다.

나는 우연히 그의 작품을 대하게 된 후로 취미로 사진을 찍기 시작했다. 그리고 그가 쓴 사진 기술에 관한 책 여섯 권을 사서 틈

틈이 사진 기술에 관한 공부를 하면서 취미로 사진을 찍기 시작했다.

자연 사진을 찍으려면 태양의 고도가 낮을 때 찍을 대상을 찾는 것이 좋다. 태양의 고도가 높아지면 자외선이 많아져서 자연의 시각적 아름다움이 줄어드는 반면에, 태양의 고도가 낮은 해가 뜨고 지는 시간에는 파장이 긴 적외선이 자연계에 풍만하여 아름다움의 극치를 이룬다.

그래서 나는 시간이 나면 새벽이나 저녁 때 사진을 찍으러 나간다. 그 아름다움을 보면서 거기서 하나님과 열정적인 대화를 나눈다. 때로는 나의 카메라 속에 잡힌 이글이글 타오르는 태양의 열기가 하나님께서 우리를 사랑하시는 열정으로 느껴지는가 하면, 그 사랑은 영원히 식지 않는 사랑이란 것도 느낀다.

그러나 그 떠오르는 태양은 채 5분도 되지 않아 그 붉은빛이 사라지고 강렬하고 자외선이 많은 빛으로 바뀌면서 아름다운 순간은 사라진다. 나는 그 아름다움이 사라지는 순간을 아쉬워할 때가 많았다. 그 아름답던 적외선이 풍만하던 자연의 아름다움은 잠시 머물다가 순간 지나가고 나머지 대부분의 시간은 사진작가들에게는 쓸모가 적은 시간이다.

사람이 이 땅에 태어나서 살다가 죽는 것도 이와 비슷하다고 생각한다. 인간은 나서 교육을 받으며 성인으로 자라서 세상에서 활동하다가 나이가 들면 일할 수 없는, 마치 지는 해와 같은 순간의 삶을 살다가 이 세상을 떠나게 되어 있다.

그런데 한 인간이 태어나서 죽기까지 성공적인 삶을 살기 위한 준비를 하는 데 가장 중요한 시기가 바로 나서부터 30세까지의 기간이다.

그중에서도 나서부터 20세 전후까지의 기간이 더욱 중요하다. 이 기간은 마치 사진작가가 아름다운 사진을 찍기 위하여 놓치지 않아야 하는, 적외선이 지구상에 편만한 그때와 맞먹는 시기이다.

이 시기는 자기 발전을 위하여 땀 흘리며 준비하여야 할 때이다. 이 시기에 땀을 흘리지 않고 허송세월을 하면 30세 이후에 땀을 흘리며 고통스러운 인생을 살아야 한다. 내가 이런 말을 하는 것은 나의 삶에서 경험을 했기 때문이다.

나는 대학을 졸업한 후 바로 유학을 가는 것은 꿈도 꾸지 못하였고, 취직하여 겨우 먹고살다가 나이가 들어 더 이상 머뭇거리면 다시는 공부할 기회가 오지 않을 것이라는 위기감을 느꼈을 때 모든 것을 내려놓고 유학을 갔다.

미국에 도착하여 온갖 고생을 다하다가 하나님께서 베푸신 자비 덕택으로 만학할 수 있는 기회를 얻었다. 그러나 40대를 바라보는 나이에 의과대학에서 새로 입학한 20대의 젊은 엘리트 학생들과 경쟁하면서 학점을 따는 것은 너무나 벅찬 일이었다. 그때 내가 깨달은 것은 공부는 젊을 때 해야지 나이가 들어서 하기는 어렵다는 사실이었다.

그래서 인생 후배들에게는 만학하지 말라고 권하고 싶었다. 공부는 두뇌가 한창 자라면서 완성되어 갈 때 해야 효율적으로 할 수 있다. 그때가 지나면 기억력은 줄어들고 논리적인 두뇌로 변하기 때문에, 정보를 많이 처리해야 하는 공부를 하기에는 너무나 힘들다.

성경 전도서 3장에서도 인생을 사는 데 때가 중요하다는 것을 말하고 있다.

> 범사에 기한이 있고 천하 만사가 다 때가 있나니 날 때가 있고 죽을 때가 있으며 심을 때가 있고 심은 것을 뽑을 때가 있으며 죽일 때가 있고 치료할 때가 있으며 헐 때가 있고 세울 때가 있으며 울 때가 있고 웃을 때가 있으며 슬퍼할 때가 있고 춤출 때가 있으며 돌을 던져 버릴 때가 있고 돌을 거둘 때가 있으며 안을 때가 있고 안는 일을 멀리할 때가 있으며 찾을 때가 있고 잃을 때가 있으며 지킬 때가 있고 버릴 때가 있으며 찢을 때가 있고 꿰맬 때가 있으며 잠잠할 때가 있고 말할 때가 있으며 사랑할 때가 있고 미워할 때가 있으며 전쟁할 때가 있고 평화할 때가 있느니라 (전 3:1-8).

이 모든 때를 알려면 지혜가 있어야 한다. 지혜가 많은 사람이 되려면 지식이 많아야 하고, 지식이 많게 되려면 공부를 해야 한다. 공부는 뇌가 성장 발달이 잘되고 있을 때, 그때를 놓치지 않아야 한다.

❷ **때를 잃지 않는 교육**

지구는 쉬지 않고 돈다. 그 속도에 맞게 사람도 나서 자라서 일하다가 늙어 가며 마지막에는 죽는다. 또 다음 세대가 나서 살다가 죽는 일이 반복된다.

그런데 한 인간이 태어나서 이 땅에 사는 동안 그 삶의 궤적에는 일정한 패턴이 있다. 어머니 뱃속에서 일정한 기간 머물고, 세상에 태어나서는 성장하는 과정에서 일정한 법칙 같은 것을 따라서 살아가게 되어 있다. 만약 그 틀을 많이 벗어나면 좀 특이한 인생을 살게 된다. 아주 천재적이거나 아주 바보 같은 삶이 될 것이다.

대부분 사람은 성장기, 완숙기, 노쇠기를 거치며 살다가 죽는다. 성공적인 인생을 사는 데 가장 중요한 시기는 성장기이다. 이때는 자신을 준비하는 기간이다. 이때는 자기완성(자기 자신의 인격을 완전하도록 만듦)을 하는 데 집중적으로 시간과 열정을 투자해야 한다. 만약 이때 자신을 위한 투자를 하지 않으면 그 기회는 영원히 돌아오지 않는다. 그래서 어린 나이에 너무 오랫동안 방황하지 않는 것이 성공하는 인생을 위하여 중요하다.

나는 어릴 때 피아노를 배울 기회를 놓치고 말았다. 나이가 들어서 아무리 배우려고 해도 잘되지 않았다. 감수성이 예민하고 근육이나 뼈가 굳어지기 전에 피아노를 배워야 하는데 그 시기를 놓치고 나니 영원히 배우지 못하여 늘 아쉬움이 있다.

비슷한 예도 있다. 미국의 CBS 방송국의 유명한 앵커 한 사람이 자기 아들 이야기를 했다. 아들이 고등학교를 마치고 나서 그 이상의 학업을 포기하고 자유분방하게 살다가 군에 입대하여 월남전에 참전하게 되었다고 한다.

방송국 앵커인 아버지가 월남전 취재를 하러 가서 전쟁터에서 아들과 감격적으로 만났다. 그 만남에서 아들이 군에서 복무를 마치면 다시 공부를 시작하겠다는 포부를 들은 아버지는 너무나 기뻐했다.

1년 후 아들은 군 복무를 마치고 다시 공부를 시작하였고, 그 후 대학을 졸업하고 아버지가 근무하는 방송국에서 아버지의 뒤를 이어 유명한 TV 앵커가 되었다. 그는 짧은 기간의 방황을 마치고 자기 길로 돌아왔기 때문에 인생에 별지장 없이 성공적인 삶을 살 수 있었다.

아들이 40세가 넘어서 70세 가까이 된 아버지와 옛날이야기를 하면서 방송에 함께 출연한 것이 참 인상적이었다.

> 소년은 늙기 쉽고 배움은 이루기 어려우니
> 일분일초인들 헛되이 보낼 수 있겠는가?
> 따뜻한 봄날에 봄꿈을 꾸고 있는데
> 어느새 뜰에는 오동나무 잎이 떨어지는구나!

이 옛 시는 시사하는 바가 크다. 자녀를 키우는 데 그 아이가 성장하는 그 상황에서 그 나이에 맞는 적당한 교육을 시키는 것은 아이의 성공적인 삶에 엄청난 영향을 미친다. 교육을 시켜야 할 때 교육을 시키고, 놀아야 할 때 놀게 하며, 땀 흘려야 할 때 땀 흘리게 하면, 그 아이는 살아 움직이는 성공적인 삶을 살 수 있다.

❸ 부모의 위치 선정 원리

88올림픽이 있기 한 달 전에 관절염 관련 분야에서 세계적으로 유명한 손님 한 분을 초대한 적이 있다. 그때 그 손님을 내가 안내하였다. 서울에 머무는 동안 차를 한 대 빌려서 서울 시내를 다니며 안내했다. 그때 우리를 태워 준 운전기사가 참으로 인상적인 사람이었다. 그 사람은 정말로 잘 훈련된 운전기사였다. 우리가 서울의 문화재와 여러 기관을 돌아보고 머무는 호텔을 몇 번이나 드나드는 동안 그의 위치가 한 번도 흐트러진 적이 없었다.

우리가 차에서 내리면 우리 마음대로 다닐 수 있도록 자신은 어디로 사라지고 보이지 않았다가, 우리가 차를 타기 위하여 움직여 차를 타고 싶은 자리에 가면 어느 사이에 그는 그곳에 차를 딱 맞추어 갖다 대었다.

이렇게 정확하게 움직이는 그 기사를 본 손님이 말했다. 자기가 세계 여러 나라를 그렇게 많이 다녔지만 이 사람과 같이 사람을 잘 모시는 사람은 처음 보았다고 찬사를 아끼지 않았다.

나는 그 기사의 손님 모시는 그 적절한 센스와 태도가 바로 부모가 자식을 기를 때 갖추어야 할 태도라고 생각했다. 부모가 자식을 사랑하면서도 멀리 떼어 놓을 수 있어야 하고, 멀리 떼어 놓은 듯하면서도 언제나 가장 가까운 위치에서 자식을 감독할 수 있어야 한다. 그렇다고 너무 가까이 있으면서 자식이 부모를 의식하게 하지 않아야 한다. 적당한 거리에서 자식을 아주 세밀하게 살피면서도 그가 부모가 보고 있다는 것을 인식하지 않게 하여야 한다. 그래야 자식이 자유롭게 활동할 수 있다.

그렇다고 너무 멀리 있어서는 안 된다. 부모의 손이 필요할 때 손이 닿을 수 있는 거리에 위치하여, 아이가 위기에 처하거나 정서적으로나 심리적으로 상처를 입을 만큼 위험할 때 부모가 즉시 자녀를 돌볼 수 있어야 한다. 너무 멀어도 안 되고, 너무 가까워도 안 된다. 그 거리는 부모가 잘 측정하여 자기 위치 선정을 잘하여야, 아이가 건전하고 자유로운 사고를 할 수 있는 유능한 인재로 자랄 수 있다.

이 원리는 하나님께서 우리 인간에게 첫 번째로 주신 삶의 원리이다. 하나님께서는 인간이 자유롭게 살도록 허락하시면서도 일정한 계율을 지키기를 원하신 것이다. 아담과 하와에게 동산의 모든 과일을 다 자유롭게 따 먹되 동산 중앙에 있는 선악과는 따 먹지 말라는 '자유와 계율'을 주신 것은, 최초의 인류에게 하나님께서 인간이 사는 원리를 가르쳐 주신 것이다. 이 가르침이 바로 부모가 자식에게 취해야 할 중요한 지표이다.

자식을 사랑하되 사랑하지 않는 듯이 하고 가까이 있으면서도 가까이 없는 듯한 위치 선정이 자식을 유능한 인재로 기르는 첩경이다.

2024년 1월 7일 자 「조선일보」에서 손흥민 축구선수의 아버지 SON축구아카데미 감독 손웅정 씨는 '솔선수범'을 자기의 주요 교육 철학 가운데 하나로 꼽았다. 그가 말했다.

부모는 TV 보고 핸드폰 화면 들여다보면서, 애들에게 공부하라고 하면 하겠느냐. 자녀가 책을 읽기를 바란다면, 거실에서 책을 읽거나 글을 써라.

또 이런 말도 했다.

카페에서 아이들에게 스마트폰 영상을 보여 주는 건 결국 부모가 편하고 싶어서 그러는 것 아닌가?
난 아이들이 어릴 때 식당에 가면 홍민이 엄마와 번갈아 가며 밖에서 애를 보며 밥을 먹었다. 부모라면, 배고픔, 불편함을 견딜 줄 알아야 한다. 그 모든 것을 아이들은 보고 배운다.

그가 그렇게 정확하게 자기의 위치를 선정하여 해야 할 일과 하지 않아야 할 것을 분명하게 하였기에 손흥민 선수와 같은 유능한 인재를 길러 냈다고 생각한다.

❹ 절제와 자유의 균형

1999년 여름 학생들을 데리고 중국 길림성 지역에 의료 봉사 훈련을 갔을 때 나의 가슴을 뜨겁게 한 사건이 여러 가지 있었다.

그중의 하나가 바로 용정에 있는 일송정에 올라 해란강을 내려다본 일이다. 일제가 한반도를 강점하였을 때 우리의 선배 애국자들이 나라를 잃고 만주 벌판에서 독립운동을 한 눈물겨운 사연을 노래한 〈선구자〉 노래를 부르면서, 그들의 애절한 심정을 조금이나마 이해할 것 같았다.

그런데 일송정 위에서 내려다보이는 해란강이 끝없이 펼쳐진 벌판 중앙을 가르며 흐르는 풍경과 들판에서 잘 자란 벼의 윤기 나는 초록빛이 여행자의 마음을 한결 따뜻하게 하였다.

그러나 서쪽 하늘에는 방금 지나간 소낙비 구름에 걸린 태양이 45도 각도로 내리비쳐 해란강은 마치 거대한 용이 초록 물결을 헤치고 해를 향해 꿈틀거리는 듯이 보였다. 나는 이 순간을 놓칠세라 카메라의 셔터를 눌러 댔다.

이 묘한 순간에 해란강이 나에게 가르쳐 주는 것이 있었다. 선구자들이 말을 타며 활을 쏘던 강둑은 초록빛 들판으로 강물이 넘치는 것을 확실하게 막아서서, 넓은 강바닥을 흘러가는 물이 양쪽 제방 안에서만 흘러가도록 경계를 지으며 버티고 있었다. 그러니 양쪽 둑을 부딪치며 흐르는 물은 반복하여 방향을 바꾸어 흘러갔다. 그러느라 구불구불하게 이어진 강 안의 물줄기는 햇살에 반사되어 거대한 용이 꿈틀거리는 것 같았다.

만약 제방이 터지면, 강둑 안으로만 흘러가던 물이 벼가 자라는 들판에 홍수 피해를 줄 것이며, 물 자체는 바다에는 가 보지도 못하고 엉뚱한 곳으로 흘러가서 땅속으로 잦아들거나 증기로 변하여 구름으로 변하고 말 것이다.

이것을 인간의 삶에 비유한다면, 마치 인간이 태어나서 어머니 품속과 가정에서 부모의 도움을 받으며 자라고 교육을 받아 완전한 인격체로 성장하여 바다와 같이 넓은 세상에서 인류와 사회를 위하여 빛나는 활동을 하는 것에 비견할 수 있을 것 같다.

성공적인 인생을 사는 자녀로 기르려면 인간이 지켜야 할 정도를 지키면서 자유로이 활동할 줄 알게 하는 교육이 필요하다. 아이들이 자라는 동안 부모는 해란강의 양쪽 제방과 같이 자녀가 자유롭게 활동할 수 있는 범위를 정해 주고, 그 범위 밖으로 나가려는 자녀에게는 제재를 가해야 한다. 그 범위를 지키기 위하여 부모는 흔들리지 않고 확실한 버팀목 역할을 해야 한다.

자녀는 그 강의 넓은 폭 안에서 물이 흘러가듯이 부모가 자녀에게 준 확실한 규범 안에서 자유를 누리며 자기 삶을 개척하고 미래를 설계하고 자기 자신의 발전을 위하여 노력해야 한다.

그렇다고 자녀에게 너무 간섭이 많아도 안 된다. 부모의 간섭이 많으면, 자녀는 마치 정원사가 나무의 가지를 쳐서 전지하는 모양대로 자라는 정원수와 같이 된다. 무한의 가능성을 가지고 태어난 아이가 자기 역량대로 다 자라지 못하고 마음이 불구인 인간이 되는 결과를 초래하게 된다. 그렇다고 아이가 방종을 할 만큼 마음대로 버려두면 빗나가거나 젊은 시절에 헛된 시간을 보내면서 인생을 허비하게 된다.

분명한 기율과 법도 안에서 자유를 누리도록 하여야 아이는 자신의 능력을 발휘할 수 있는 인재로 확실하게 자란다. 이렇게 자란 자녀는 분명하게 자기 길을 걸어갈 수 있으며 바다와 같이 넓은 세상에서 자기 역량을 최대한 발휘하여 성공적이고 행복한 인생을 살 수 있고 남에게도 덕을 끼칠 수 있는 인재가 될 수 있다. 성공적인 자녀 교육의 황금 법칙은 자유와 절제의 균형이다.

❺ 자녀 교육의 장기 전략

자녀를 교육하여 훌륭한 사람을 만들겠다는 마음은 모든 부모의 공통된 마음일 것이다. 그런데 자식을 교육하려면 어떻게 교육해야 하는지 알아야 잘할 수 있는데, 그것을 아는 것은 쉬운 일이 아니다.

이 면에서는 부모가 가정 교육을 어떤 마음으로 해야 하는가에 대하여 생각해 보려고 한다.

지금은 부모가 자식을 교육하는 데 어려움이 많다. 급속한 과학 문명의 발달로 인하여 인류 사회의 패러다임이 변하고 있기 때문이다. 그래서 사회의 인식이 변하는 것을 알고 자녀를 지도해야 한다. 지금까지의 사회는 질서를 잘 지키고 윗사람이 시키는 것에 순종하며 자기 일을 잘하면 대우받는 사회였다. 그러나 앞으로의 사회는 개인이 자기 삶을 개척하지 않으면 안 되는 사회가 될 것이고, 그렇게 변하고 있다.

이런 사회에 적응해야 할 자녀를 어떻게 교육하여야 하는가? 흔히 자녀를 기르는 데 특별한 기술이 필요한 것으로 생각하여 자녀를 남에게 내맡기는 경우가 많은데, 어릴 때는 그럴 필요가 없다. 부모보다 자기 자녀를 더 사랑하는 사람이 어디 있겠는가. 어린 나이에는 가장 사랑하는 사람이 가장 좋은 선생이 될 수 있다. 가정에서는 가족과 행복하게 자라고 밖에 나가서는 친구들과 잘 어울려 놀며 신체를 단련하고, 자연을 즐기며 정서가 순하게 자라도록 하면 된다. 어린 나이에는 꼭 전문가에게 맡겨서 교육할 필요가 없다.

자녀가 나이가 들어서 전문적인 지식을 배워야 할 때는 전문가에게 보내서 교육을 받도록 해야 할 것이다. 적어도 초등학교에 다닐 때까지는 부모가 가르치는 것이 좋고, 차차 부모의 가르침으로부터 독립하게 하여 중학교를 마칠 즈음에는 완전히 독립하여 자기 스스로 공부하며 자기 인생을 개척하도록 지도하는 것이 바람직하다.

그러다가 자녀가 고등학생이 되면 부모를 떠나서 독립하여 살 수 있을 정도가 되어야 한다. 고등학생을 부모 곁에 끼고 있으면 그 아이는 장차 독립된 삶을 살아야 할 때 어려움을 겪게 될 것이며 사회생활을 하는 데도 문제가 있을 수 있다. 고등학교를 다니는 동안에 자립하는 능력을 완전히 습득하도록 부모는 자식을 도와주어야 한다. 고등학생인 자식을 잘 가르치기 위하여 따라다니거나 교회나 학교의 교사를 하면서 끼고도는 것은 아이를 망치는 첩경이 될 수 있다.

자녀가 대학을 다닐 때는 완전히 부모로부터 독립할 수 있도록 부모는 모든 노력을 다 기울여야 한다. 그렇게 하면 장차 자녀가 독립된 인생을 살아가는 아름다운 모습을 멀리서 바라보면서 미소를 지을 수 있을 것이다.

❻ 부모를 떠나는 훈련을 해야

우리는 지난 5백여 년 동안 유교 문화의 영향 아래 살아왔다. 그래서 가부장제에 익숙하여 21세기의 변화된 사회에 적응하는 데 몸살을 앓고 있다. 특히, 대가족 제도에서 핵가족 제도로 변화하는 데에 부모나 자녀가 다 같이 고통을 겪고 있다.

이런 일이 일어나는 근본 원인은 단 한 가지이다. 우리 사회가 농경 사회에서 공업 사회로 바뀌면서 새로운 공업 사회에 적합한 문화에 적응하는 과정에서 유교적 문화와 충돌하고 있기 때문이다.

농경 사회에서는 부모와 자식이 함께 살면서, 자녀에게 온갖 투자를 하여 늙어서 그 투자한 것을 돌려받게 되어 있는 유교적 도덕 규범으로 사는 데 아무 문제가 없었다. 그러나 현대 사회에서는 가족이 직장을 따라 흩어져 살게 되고 농경 사회에서의 삶의 양식과 완전히 다른 삶의 양식으로 살아야 하기 때문에 유교적 전통이 전혀 맞지 않아 문제가 생기게 되어 있다.

그래서 이제는 새로운 사회에 맞는 사회 질서와 가족 관계를 계발하고 발전시켜야 한다. 부모와 자식 간에 새로운 관계를 설정하는 기본 원칙은, 자녀가 부모를 자유롭게 떠나게 하는 데 가족이 다 같이 협력해야 한다는 것이다.

특히, 부모의 유교적 전통을 중심으로 하는 사고방식을 바꾸어야 한다. 부모는 자식을 보내는 훈련을 해야 하고, 아이는 부모를 떠나 독립하는 훈련을 해야 한다.

지금 우리의 어린이들은 부모에게 너무 많이 의존한다. 초등학교의 교실 청소를 아이들이 스스로 하지 않고 부모들이 조를 짜서 대신 해 주는 경우도 있다고 한다. 이런 것은 절대로 아이의 인생에 도움이 되지 않는다.

아이는 태어나는 날부터 부모의 곁을 떠나는 훈련을 시작하여야 한다. 부모의 사랑을 받고 자라면서도 하루하루 부모의 그늘에서 벗어나서 자기의 독립된 삶을 살아가는 방법을 배워야 한다. 그래야 그 아이는 자기가 하나님께로부터 받은 재능을 마음껏 발휘할 수 있는 어른으로 성장하게 될 것이며, 성공적인 인생을 살아갈 수 있게 될 것이다.

이렇게 할 때 당장에 닥치는 문제가 있다. 그것은 바로 지금까지 지켜져 오던 부모와 자식 간의 사랑과 효도에 관한 문제이다. 그 문제는 부모가 자식을 사랑하여 자기 사랑을 자식에게 주는 것으로 만족하고 자기가 자식에게 준 사랑을 늙어서 효도로 돌려받겠다는 생각을 접는 것으로 해결할 수 있다.

그렇게 하려면 자식이 부모를 돌보는 일을 국가가 대신 맡아서 해 주어야 한다. 즉, 국가는 늙은 사람들에 대한 대책을 강구하여야 한다. 지금 정부는 그런 방향으로 일하고 있다.

믿는 사람들의 신앙도 어린 신앙에서 성숙한 신앙으로 자라게 해야 한다.

목자는 양을 목자에게 영원히 의존하는 양으로 기를 것이 아니라 독립된 신앙을 지키면서 살아갈 수 있도록 길러야 한다. 그리고 얼마간 신앙생활을 하면 목자의 보살핌이 없어도 스스로 믿음생활을 할 수 있는 교인, 마지막으로는 믿음을 지키기 위하여 자기 생명도 버릴 수 있는 경지에 도달하는 성숙한 교인으로 길러야 한다.

❼ 자기 특유의 옷을 입어야

인간은 태어날 때 하나님께서 주신 고유한 신체와 능력과 재능을 가지고 태어난다. 모든 사람은 독특한 아름다움, 성품 그리고 재능을 가지고 태어난다.

인간은 한 사람도 동일하게 태어나지 않는다. 이란성 또는 삼란성 쌍둥이나 심지어는 일란성 쌍둥이도 개체들이 100퍼센트 동일하지는 않다. 하물며 다른 시기에 다른 환경에서 태어난 개체는 말할 것도 없이 같을 수가 없다.

그래서 이 땅에 태어난 나는 나만의 독특한 특성을 가진 특별한 사람이다. 각자가 가진 육체도 그만의 독특한 아름다움을 지니고 있다.

그런데 우리 사회는 유행에 너무 민감하고 모두가 그 유행에 따르는 경향이 너무 강하다. 옷에도 유행이 있는가 하면, 말이나 행동에도 유행이 있다. 심지어는 교회의 운영 방법에도 유행이 너무 심하다. 특히, 유행을 따라서는 안 되는 것까지 유행의 물결에 편승해 따른다. 자기의 소질과 개성에는 아랑곳하지 않고 유행을 따르는 꼴불견의 모습을 보고 쓴 웃음을 짓게 될 때가 허다하다.

각 개인은 자기만의 유일한 특성을 가지고 태어나서 이 세상에 존재하기 때문에, 자기 고유의 특성이 있고, 자기만이 할 수 있는 일이 있다. 또한, 남이 하는 대로 따라 할 수 없는 자기 능력의 한계도 있다는 것을 알아야 한다.

이런 사실을 알면 자기 스스로 인생을 어떻게 살아야 할지 쉽게 알 수 있다. 남이 하는 것을 따라 하다가는 성공하는 인생을 살 수 없다. 나만의 특성을 살리는 인생을 살아야 성공할 수 있다.

과거에는 공부를 하여 공직에 들어가는 것이 유일한 취직의 길이었기 때문에 부모가 자식의 인생을 설계하여 스파르타식 교육을 시켜 자식을 성공하게 하는 사회였다. 그러나 지금은 과학 기술이 발달하여 공업 사회가 되고 또 서비스 산업이 발달하여 잘 사는 사회가 되었다.

그에 따라 문화 사업이 발전하여 문화와 예술에 관련된 직업도 많이 늘어나 꼭 공부를 해서 공직에 가지 않아도 얼마든지 좋은 직업을 얻어 잘살 수 있는 사회가 되었다.

즉, 직업이 다양하여 자기 소질을 살려 일할 수 있는 시대가 되었다. 자기가 잘하는 일을 하게 되면 그 분야의 최고가 될 수도 있다.

그러면 자기가 가진 고유한 재능이 어떤 것인지 어떻게 알 수 있는가?

어린 시절에 아이가 다양한 경험을 할 수 있게 하면 그 소질과 재능을 금방 찾아낼 수 있다. 음악에 소질이 있는지, 운동에 소질이 있는지, 과학이나 예술에 소질이 있는지 다양한 경험을 해 볼 수 있는 기회를 만들어 주면 어느 것에 소질이 있는지 금방 알 수 있다.

개인의 재능이 확인되면 그 재능을 잘 발휘하도록 도와주는 것이 그 아이가 성공하는 길로 이르게 하는 첩경이다. 자기가 잘하는 것을 발전시키면 자녀는 그 일을 재미있어 할 것이며, 스스로 재미있게 하는 일에는 밤이 새는 줄도 모르고 집중하면서 정진할 수 있다. 재미있으면 그 일에 몰두하게 되고, 그것이 곧 그 분야에서 최고의 사람이 되는 길이다.

❽ 자신을 지킬 줄 아는 자녀로 길러야

지금 한국 사회는 자살이 날로 늘어 가고 있다. 이유는 다양하다. 그러나 그 이유를 자세히 들여다보면, 별로 중요한 이유도 없이 자살하는 사람이 있는가 하면 개인이나 나라의 중요한 일을 하다가 어려움을 극복하지 못하여 자신의 생명을 버리는 경우도 있다. 그러나 이유야 어찌 됐건 결국 자살이란 개인이 자신을 지키지 못하여 자신의 생을 포기하는 것이다.

현대 사회는 이전에 인류가 살아온 사회보다 훨씬 더 복잡한 사회로 변했다. 앞으로 우리 사회는 더욱더 복잡해질 것이며 그에 따른 개인의 갈등도 증대될 것이다. 오랫동안 전통적인 유교 문화에 의해 지배되던 사회가 급속한 서구 문명의 파도에 밀려 곳곳에서 이전의 전통이 무너지고, 새롭게 변화하기 위하여 몸부림을 치고 있다. 그에 따른 피해로 이루 헤아릴 수 없는 심적, 문화적 충격을 우리는 경험하고 있다.

각 개인은 이 거센 파도를 타고 자신을 지켜 나가기 위하여 엄청난 고통을 감수하여야 한다. 그러나 일부는 그 고통을 감당하지 못하여 자살 같은 극단적인 방법을 택하게 되고, 이런 사태는 당분간 더욱더 심화될 것이다. 내가 이 말을 하는 이유는 30년 전에 내가 미국에 유학을 갔을 때 문화적, 사회적 충격이 얼마나 큰지를 뼈저리게 느끼고 경험했기 때문이다.

지금 우리 국민은 한국에 앉아서 밀려오는 서구 문명의 파도를 경험하고 있다. 이 파도를 잘 타면서 변화에 대처하는 사람은 성공하면서 살아남을 수 있으나 그렇지 못한 사람은 도태되고 말 것이다. 이 도태되는 과정에는 자기 목숨을 포기하는 극단적인 행동도 포함된다.

그러면 이런 어려운 시대적 변화의 급한 물살을 어떻게 극복하느냐 하는 것은, 지금 이 사회에 당면한 기성세대뿐만 아니라 앞으로 이 사회에서 중추적 역할을 할 다음 세대에게도 대단히 중요한 과제이다. 어떤 해결책이 있는지 살펴보자.

첫째, 인간은 본질적으로 능력에 한계가 있다는 것을 인식하여야 한다. 그래서 우리는 홀로 모든 것을 다 해결할 수 없다는 것을 인정할 줄 알아야 한다. 그다음으로 인간의 힘으로 해결할 수 없는 일은 하늘의 도움을 청할 줄도 알아야 한다. 하나님께 구한 다음에는 하나님의 뜻이 어떻게 역사하든지 그분께 맡길 줄도 아는 여유로운 마음을 가져야 한다. 그리고 하나님의 뜻에 의하여 나온 결과를 수용할 줄 아는 성숙한 마음을 가져야 한다. 그런 마음을 가지는 데는 오랜 시간을 두고 일상생활에서 훈련하는 것이 필요하다.

둘째, 아무리 세상이 복잡하다고 해도 그 복잡함 전부가 나와 일시에 상관이 있는 것은 아니라는 사실을 인식하여야 한다. 복잡한 세상과 삶을 단순화하는 눈, 즉 통찰력(insight)을 가져야 한다. 가급적이면 상황을 파악할 때 아주 깊고 넓게 생각하고 판단할 수 있어야 한다. 그래서 할 수 있는 한 오류가 없을 정도로 정확하게 판단하는 능력을 길러야 한다.

셋째, 앞에서 말한 것처럼 상황 판단을 잘한 뒤에 자기 주위에서 일어나는 모든 상황에 대하여 중요하고 덜 중요한 우선순위를 정할 수 있는 지혜를 가져야 한다.

넷째, 자기가 관여해야 할 것과 관여하지 않아야 할 것을 선택하여 마음을 단순화하는 능력을 갖추어야 한다. 위에 열거한 이 모든 것은 다른 말로 표현하면, 지혜를 가져야 한다는 것이다.

다섯째, 자기완성을 위하여 쌓아 온 지식과 지혜를 조화시켜서 자기 능력을 계발할 줄 알아야 한다.

이런 훈련이 된 사람은 아무리 어려운 일이 자기 앞에 닥쳐도 당황하지 않고 그 어려움을 차근히 잘 해결하면서 성공적인 인생을 살 수 있다.

이런 능력들은 평소에 자라면서 가정에서 생활을 통하여 부모로부터 배우는 것이 가장 효과적이다. 이것은 부모의 유식이나 무식에 영향을 받는 것이 아니다. 돈을 주고 과외만 하면 되는 것도 아니다.

이것은 부모가 밥상머리에서 가르쳐야 할 몫이다. 부모가 이것을 피하거나 하지 못하면 자식은 자기 갈 길을 찾는 데 많은 시간을 보내야 하며 그렇게 사는 동안 외로워질 수 있다.

❾ 준비된 자가 쓰임을 받는다

겨울 방학 동안 나는 아내와 같이 시카고에 사는 큰아이 집을 방문했다. 밤 9시경 밖에는 눈이 펑펑 쏟아지고 있었다. 이미 내린 눈이 5센티미터나 되는데 그날 밤 20센티미터나 더 내린다는 폭설 경계령이 북미 대륙의 중서부와 동부에 내려졌다. 눈이 너무 많이 쌓이면 눈을 치기가 어렵기 때문에 수시로 눈을 치는 것이 그곳 사람들의 일이었다.

나도 아이와 같이 눈을 치러 나가야겠다고 마음먹고 탁자 위에 있는 「리더스 다이제스트」(Reader's Digest)를 뒤적이다가 "유나이티드 항공 93편: 내가 전혀 모르는 것"(FLIGHT 93: What I Never Know)이라는 제목에 눈이 머물다가 그 글을 읽기 시작했다.

그 글은 리즈 글릭(Liz Glick)이라는 여인이 2001년 9·11테러 사건 때에 자기 남편을 잃고 어린 딸 하나를 데리고 살면서 그때의 일을 생생하게 기록한 글이었다. 9·11테러 때 납치당한 네 대의 비행기 중 한 대가 이 부인의 남편이 탄 비행기였다.

이들 부부는 고등학교에 다닐 때부터 한 학교의 동급생으로 서로를 너무나 잘 알고 있었다. 남편인 제레미(Jeremy)는 올림픽 금메달을 딴 사범의 지도를 받은 아주 튼튼하고 강한 유도 유단자였다. 그들은 대학을 졸업하고 결혼하여 단란한 가정을 꾸렸으며, 당시 생후 11주 된 어린 딸을 둔 30대 초반의 평범한 미국 젊은 부부였다.

그날 제레미는 회사의 일로 뉴어크(Newark)에서 유나이티드 항공 93편 여객기를 타고 캘리포니아로 가던 중이었다. 그 여객기가 테러리스트들에게 납치되어 방향을 돌려 백악관으로 향하고 있을 때, 제레미는 아내에게 전화를 걸어서 비행기의 상황을 전하고, 사랑한다는 말과 아기를 잘 돌보라는 말을 했다. 그의 아내는 남편이 탄 여객기가 펜실베이니아 근처의 들판에 추락하여 폭파되기까지 나눈 통화 내용을 기사에 생생하게 기록하였다. 그중에서 나를 감동시킨 대화는 바로 다음과 같은 내용이었다.

"Okay, I'm going to do it."

"I think you need to do it. You're strong, you're brave. I love you!"

즉, 남편이 '내가 저들을 해치워야겠다'라는 의미로 "내가 할게"라고 말했을 때에 그의 아내는 이렇게 말했던 것이다.

"당신이 그 일을 해내야겠다. 당신은 힘이 세고 용감하니까. 사랑해!"

이 대화는 얼핏 보면 평범한 내용 같지만 그 두 사람의 내면적인 생각과 대통령의 집무실이 공격을 당하게 될 국가적인 위기에 처한 상황을 생각해 보면 매우 숭고한 내용이었다. 그들은 그런 상황에서 자신들이 과연 무엇을 해야 하는지를 아는 사람들이었다. 비록 남편은 자기 생명을 잃고, 부인은 자기 남편을 잃을지라도, 남편은 자기가 해야 할 일을 결심했고 그의 아내는 자기 남편을 격려하며 사랑을 전했다. 나는 이들 부부가 대단한 용기와 결단력과 지혜를 가진 부부라고 생각했다.

비록 그 남편은 생명을 잃었고 부인은 과부가 되어 인간적으로 보면 불행한 부부라고 생각할 수도 있지만, 이들 부부는 백악관이 폭파를 당하는 국가적 위기를 면하게 한 위대한 일을 한 사람들이다. 그런데 제레미가 그렇게 국가적 위기를 면하게 할 수 있었던 이유는, 잘 훈련된 유도 실력이 있었기 때문이다. 당시 전화기를 통해 들린 소리에 의하면, 그가 두 사람을 제압한 것으로 판단된다고 한다. 제레미와 용감한 승객들의 저항으로 실제 그 여객기는 백악관을 가기 전에 들판에 추락하여 폭파되었다.

나는 이 글을 읽고 나서 한참 생각에 잠겼었다. 인생을 사는 동안 자기 몸과 지식과 재능을 잘 훈련하고 갖출 바를 갖추어서 언제든지 나라나 사회나 인류를 위하여 필요할 때 쓰임받는 것이 참되고 가치 있게 인생을 사는 것이라는 생각이 들었다.

우리 사회에는 지금 진정 가치 있는 삶의 목표를 잃은 사람이 많다. 우리는 우리의 후손에게 인간의 진정한 삶의 목표를 제시할 수 있어야 한다. 어떤 인생이 참되고 가치 있는 삶인지 제시할 수 있어야 한다. 그리고 어린이, 학생, 청년들은 올바른 일을 위하여 자신을 준비해야 한다. 사회나 국가가 위기를 당하여 자신을 필요로 하면 언제든지 "예" 하고 담대히 나서서 일할 인재로 준비되어야 한다. 준비된 인재는 국가나 사회가 들어 쓸 것이다. 하나님의 나라와 그분의 의를 위하여 준비된 자는 하나님께서 들어 쓰실 것이다. 하늘은 준비된 자에게 일을 맡길 것이다.

❿ 리더십이 강한 자녀로 길러야

사람들은 성공하는 인생을 살려고 애쓴다. 특히, 자식을 가진 부모는 자식을 성공시키기 위하여 온갖 노력을 다 기울인다.
그런데 성공에 대한 견해는 다양하다.
"무엇이 성공인가?"
물으면 그에 대한 대답이 다양하다. 돈을 많이 버는 것, 명예를 얻는 것, 권력을 가지는 것 등 다양한 성공관이 있을 수 있다. 그러나 솔로몬 왕이 인생을 다 살고 나서 전도서에 피력한 견해에 나는 가장 매력을 느낀다. 그는 "선을 행하며 낙을 누리는 것이 인생의 최고의 즐거움"이라고 말했다. 곧 남에게 사랑을 베풀고 마음의 즐거움을 누리는 것이 성공이라는 견해이다.

그러나 성경을 떠나서 보통 인간이 성공한다는 것의 의미를 생각할 때, 어떤 삶이 성공한 인생인가?

그 사람이 죽었을 때 그를 존경하며 애도하는 사람이 얼마나 있는가 하는 것이 성공한 삶의 척도라고 대개 말한다.

더욱 중요한 요소는 그가 사는 동안 가까이 있었던 가족, 친지, 동창생, 교인 그리고 직장 동료들이 그를 어떻게 평가하는가 하는 것이다. 특히, 그와 삶을 같이한 남편이나 아내는 물론, 자녀에게 존경받는 인생을 살았다면 그것은 참으로 잘 산 인생이라 할 수 있다.

사람이 태어나서 한평생 사는 동안, 어떻게 살아야 잘 사는 인생인지 알고 자기 인생을 설계하고 살면 훨씬 더 성공하는 인생을 살 수 있을 것이다.

인류 역사를 두고 성공에 대한 견해도 변천이 있었다. 원시 사회에서는 힘이 곧 성공의 중요한 무기였다. 많은 인물이 힘으로 사람들을 지도했다. 그러나 인류가 현명해질수록, 지식과 지혜가 있어야 지도자가 되었다. 지식은 자신이 노력하여 공부하면 쌓을 수 있는 것이다. 이것은 오직 자기 자신과의 싸움에서 이기는 것이기 때문에 자기만 열심히 하면 지식이 있는 사람이 되어 성공할 수 있다. 그러나 지금은 지식이 있어도 리더십을 발휘하지 못하면 성공할 수 없는 사회가 되었다.

아직도 지식이 많은 엘리트가 지도자가 되고 성공할 수 있다는 생각을 하는 사람이 많다. 아직 이런 사고가 끝난 것은 아니고, 이런 사고의 거의 마지막 단계에 이른 사회에 지금 우리는 살고 있다. 최근 100년 동안의 역사를 뒤돌아보면 인류 사회는 점점 더 지식이 많아지고 인권이 신장되어 왔다. 그래서 지도력이 없이는 성공하기가 어려운 사회로 변해 왔고, 앞으로는 더욱더 그러할 것이다.

지금까지 참된 리더십을 발휘하여 성공한 인생을 살아온 사람들 중에서 대표적인 인물로 인도의 간디를 들 수 있다. 그는 무력도 돈도 없었지만 그를 따르는 사람들은 수백만이 넘었다.

미래 사회의 젊은이가 될 우리의 자녀들을 어떻게 길러야 성공하는 인생을 살게 할 수 있을까 하는 것에 대하여 부모나 교육을 담당하고 있는 사람들은 무거운 책임감을 가지고 대책을 세워야 할 것이다.

스티븐 코비(Stephen R. Covey)는 사람이 나서 성장하며 사회 활동을 하는 데까지의 인생을 3단계로 구분했다. 즉, 부모에게 의지하여 사는 유년기, 자기 수련의 완성기 그리고 사회 활동을 하며 지도력을 발휘하는 시기로 구분했다. 사람은 자기 자신의 수련이 완성되었을 때에야 비로소 사회 활동에서 지도력을 발휘할 수 있고 성공한 인생을 살 수 있다.

어린아이 때는 부모가 돌보아 주고 가정 교육을 잘 시키면 된다. 차차 성장하면서 학교에 가서 공부를 하고 자기완성(자기 자신의 인격을 완전하도록 만듦)을 실현한다.

인류 역사에서 최근세 이전에는 힘이 있거나 자기완성이 되면 사회 활동에서 성공이 가능했다. 힘이나 능력으로 리더가 될 수 있는 사회였기 때문이다. 그러나 현대 사회는 똑똑하고 지식이 많은 사람의 수가 많아졌기 때문에, 지식인 사이에서 리더십을 발휘할 수 있는 사람이 지도자가 될 수 있는 사회로 변하였다.

그래서 지금은 자기완성을 하고 거기에다 리더십을 하나 더 추가해야 성공할 수 있다. 리더십이 있는 사람으로 기르기 위해서는 어릴 때부터 리더십을 발휘할 수 있는 삶을 살면서 성장하게 하는 것이 중요하다. 그러나 자기완성을 하는 것은 뒤로하고 리더십부터 기르려 하는 어리석음을 저지르지 말아야 한다.

사람과 사람 사이에 형성되는 리더십은 자기실현(자아의 본질을 완전히 실현하는 일)을 위한 준비를 철저히 하면서 병행하여 훈련하는 것이 바람직하다. 자기실현을 위하여서는 때를 놓치지 말아야 한다. 자기실현을 이루지 못한 상태에서는 리더십을 발휘하기가 쉽지 않다. 그런고로 어릴 때부터 젊은 나이에는 자기완성을 위하여 부지런히 공부하고 자기 실력을 갖추는 일에 전력하여야 한다. 나이가 들어 가면서 리더십 훈련을 더해 가서 30

세가 되면 사회 활동을 하면서 리더십을 발휘하여 지도자로서의 역할을 하는 성공적인 삶을 살기 시작하여야 한다.
그러면 어떻게 리더십이 강한 사람으로 기를 수 있는가?

⓫ 지혜와 사랑을 길러야

사람이 성공하기 위하여 갖추어야 할 요소는 두 가지가 있다.

첫째, 온유한 마음이다. 성경 마태복음에서 예수님은 말씀하셨다.

온유한 자는 복이 있나니 그들이 땅을 기업으로 받을 것임이요 (마 5:5).

오랫동안 이 말씀을 생각해 봐도 이해할 수 없었다. 일반적으로 땅을 많이 차지하려면 남의 나라를 침략하여 빼앗아야 되는데, 온유한 마음으로는 남의 나라를 침략할 수 없다. 그런데 어찌하여 온유한 마음을 가지면 땅을 기업으로 받을 수 있다고 했을까 하는 생각이 들었다.
상당한 시간이 지나서 나는 인류 역사상 가장 땅을 많이 차지한 칭기즈칸이나 서양 역사에서 가장 넓은 영토를 가졌다는 알렉산더 대왕에 대한 기사를 읽으면서 그 실마리를 찾았다. 칭기즈칸이나 알렉산더 대왕이 전쟁을 하는 동안 그들이 시행한 전략을 살펴보면, 그들은 다른 전쟁 영웅들과 다른 전략을 썼다는 것을 알 수 있다.

칭기즈칸은 다른 나라를 침공하여 항복을 받고 난 후 그 나라를 자기 나라로 편입시키지 않고 조공만 바치면 자유롭게 나라를 운영하도록 허락해 주었다. 즉, 다른 나라의 땅을 자기 나라로 편입시키지 않으면서도 자기가 그 나라를 지배하는 전술을 썼다. 나는 그가 점령한 나라들에게 자유를 주는 너그러운 정책을 썼기 때문에 각 나라의 저항을 훨씬 덜 받음으로 그 넓은 영토를 지배할 수 있었다는 역사학자들의 견해에 동의하였다. 다른 정복자들보다는 온유한 면이 두드러진다는 생각이 들었다.

알렉산더 대왕은 다른 사람들과는 달리 전쟁을 해서 승리를 하여 얻은 전리품을 자기가 챙기지 않고 전쟁에 참여한 모든 병사에게 똑같이 나누어 주어서 병사들의 사기를 북돋아 주었다. 알렉산더 대왕은 재물에 욕심을 부리지 않고 병사들에게 공을 돌리는 온유한 마음을 가졌었기 때문에 10년 동안 전쟁을 하여 그렇게 많은 영토를 차지할 수 있었다.

그러나 성경에서 가르치는 온유한 마음은 그런 의미와는 차원이 다른 의미를 가진 것이 아닌가 생각된다. 현대적 리더십을 가지라는 말로 이해하면 될 것 같다. 현대 사회, 특히 민주 국가에서는 사람들의 투표로 나라를 운영하는 권한을 얻는다. 사람들의 표를 받으려면 지지를 얻어야 하고, 그러려면 사람들의 마음을 얻어야 한다. 사람들의 마음을 얻으려면 온유한 마음으로 사람들을 대해야 한다.

그러면 따뜻하고 온유한 마음을 가진 사람이 되도록 기르려면 어떻게 자녀를 길러야 하는가?

자녀가 온유한 마음을 가지도록 하기 위해서는 어린 시절에는 부모의 사랑을 받으며 평화롭고 행복하게 살 수 있는 환경을 만들어 주어야 한다. 사랑받고 자란 아이는 사랑할 줄 아는 사람으로 성장하지만, 사랑이 결핍되어 자란 아이는 남을 사랑할 줄 모르고 마음과 정서가 피폐해지기 때문에 사람들을 괴롭히는 사람이 되기 쉽다.

그러나 자식을 사랑하는 데는 주의할 점이 있다. 아이에게 너무 지나치게 사랑하는 표시를 하면 아이를 망칠 수도 있으니 주의해야 한다. 자식을 사랑하되 절제 있는 사랑을 해야 한다.

둘째, 사람이 성공하기 위하여 갖추어야 할 요소는 사리 판단을 바르게 할 수 있는 지혜이다.

이것은 자신의 노력으로 가능한 것이다. 다른 사람이 해 줄 수 없고 반드시 자기가 성장하는 동안 지혜를 갖추어야 아름다운 인생을 살 수 있다. 힘이 모자라면 다른 사람의 힘을 빌릴 수 있고, 손이 모자라면 다른 사람의 손을 빌릴 수 있다. 지식이 모자라면 다른 사람의 머리를 빌릴 수도 있다. 그러나 바른 판단을 할 수 있는 지혜는 빌릴 수 없다. 남의 지혜도 빌려서 일을 해 나갈 수 있다고 생각할 수 있겠으나 그 마지막 책임은 어디까지나 자신이 져야 한다. 지혜는 다른 사람의 것을 이용할 수 없다.

행복하거나 행복하지 않은 것은 남에게 달려 있지 않다. 자신이 생각하기에 따라서 행복과 불행이 결정된다. 온유한 마음과 지혜를 가진 사람이 되도록 부모와 자식이 합심하여 노력할 때, 그 자식은 능력 있고 마음이 따뜻하여 사랑을 넉넉히 나누어 줄 수 있는 성공적인 인생을 살 수 있을 것이다.

❷ 제자가 선생보다 나아야

우리나라에서 지켜오던 전통적인 사고방식 중에 군사부일체(君師父一體, 임금과 스승과 아버지의 은혜가 같음)라는 것이 있다. 이 유교적 도덕관이 오랫동안 우리 사회의 질서를 유지해 왔다. 이 도덕관은 상하를 잘 구분하고 일정한 도덕률에 의하여 사회를 질서 있게 유지하게 만드는 좋은 면이 있다.
이와 비슷한 가르침이 성경에도 있다.

> 제자가 그 선생보다, 또는 종이 그 상전보다 높지 못하나니 제자가 그 선생 같고 종이 그 상전 같으면 족하도다 (마 10:24-25).

이 말씀으로 인하여 가르치는 자는 가르침을 받는 자보다 항상 우위에 있어야 한다는 생각을 가지게 되었다. 그래서 오늘날 사회나 교회의 가르치는 위치에 있는 자들이 자기 위치를 잘못 선정하여 물의를 일으키는 경우가 종종 있는 것을 볼 수 있다. 정년 퇴임을 한 지도자들 중에는 '원로'라는 이름을 하나 붙여 보기 흉한 짓들을 하며 후배들이 일을 할 수 없도록 누르고 있는 자들이 있다.

그런 행동을 하는 자들은 성경에 나오는 "제자가 선생보다, 종이 상전보다 높지 않다"라는 말씀을 잘못 이해한 것이 아닌지 모르겠다. 이 말씀을 '상과 하, 스승과 제자, 주인과 종의 질서를 유지해야 한다'라는 뜻으로 이해하는 것까지는 그럴 수 있다.

그러나 이 말씀을 잘못 해석하여 제자가 선생보다 우수하여서 지금까지 선생이 할 수 없었던 일을 해서는 안 된다는 말로 오해하는 일은 없어야 할 것이다. 만약 이런 논리로 인간이 살아갔다면 결단코 인류 사회는 발전할 수 없었을 것이다.

제자는 스승으로부터 배운 것을 기초로 하여 이전에 스승이 할 수 없었던 새로운 기술을 개발하고, 새로운 사회를 개척할 수 있는 유능한 사람이 되어야 한다. 그러나 한 가지 주의할 점은 설령 제자가 선생보다 월등한 능력이 있을지라도 그의 마음은 선생보다 낮은 위치에 서는 것이 믿는 자의 도리라는 것이다. 선생과 제자의 관계는 언제나 물 흘러가듯이 자연스럽게 이루어지는 것이 바람직하다. 무리수를 쓰면 거기에 대한 부작용이 생기게 마련이다.

또 하나 선생이 주의하여야 할 것은, 선생은 자기가 모범을 보이면서 제자를 가르쳐야 한다는 점이다. 그런데 그렇지 못한 경우를 흔하게 본다. 자기는 실천하지 않으면서 남들만 실천하라고 가르치는 것은 잘못된 선생의 처신이다. 여기에 대한 좋은 예로 인도의 간디에 대한 에피소드가 있다.

어떤 아이의 엄마가 자기 아들이 설탕을 너무 좋아하여 아무리 먹지 말라고 말을 해도 듣지 않고 계속 설탕을 먹기에 생각하다 못하여 아이를 간디 선생에게 데리고 가서 설탕을 많이 먹으면 해롭다고 아이를 좀 타일러 달라고 부탁했다.

그런데 그 말을 들은 간디는 보름 후에 다시 아이를 데리고 오라고 했다. 그래서 그 엄마는 보름 후에 아이를 다시 간디에게 데리고 갔다. 그때 간디가 아이에게 "설탕을 많이 먹으면 해로우니 먹지 말아라"라고 타일렀더니 그 아이가 그 후로 설탕을 먹지 않았다고 한다.

그런데 아이 엄마는 간디의 이런 가르침에 대하여 이상히 여겨 다시 간디에게 가서 물었다.

"선생님, 왜 처음 아이를 데리고 갔을 때 즉시 아이를 타이르지 않고 보름 후에 다시 오라고 하여 아이를 타일렀습니까?"

그랬더니 간디가 이렇게 대답했다고 한다.

"보름 전에는 나도 설탕을 좋아하여 많이 먹고 있었기 때문에 내가 아이에게 말할 수 없었소."

선생은 자기가 실천하는 것을 말로 가르쳐야 진정한 선생이다.

❸ 조금 부족함으로 성공을 촉진시키라

이미 앞에서 언급한 바와 같이 성공하는 삶의 정의는 다양하다. 기독교에서는 예수님을 믿고 하나님을 영화롭게 하는 삶을 사는 것이 신자의 도리라고 가르친다. 그것이 성공하는 삶이다. 특히, 이웃을 위하여 사랑을 베푸는 삶을 강조한다. 자신을 실현한 후 사회의 지도자 역할을 하며 사랑을 베푸는 사람이 되면 성공한 사람이라고 할 수 있다.

자녀가 성공하는 인생을 살도록 기르려면 유소년기에 풍부한 세상 경험을 하게 하는 것이 중요하다. 그렇다고 너무 풍족하여 오만하거나 나태하게 해서는 안 된다. 차라리 아이가 약간의 부족함이 있는 상태를 유지하는 것이 성공의 길로 가게 하는 데 더 좋다.

우리 사회에는 1990년대를 넘어오면서 갑자기 부자가 많이 생겼다. 갑자기 돈이 많아진 부모들은 일은 하지 않고 편하게 살면서 자식도 정신적으로나 육체적으로 자신을 망치도록 유도하는 경우가 많다.

이런 일의 대표적인 예가 아이에게 너무 많은 양의 진미를 먹여 일찍 성인병이 생기게 하는 것이다. 또한, 아이의 분수에 넘치게 너무 많은 용돈을 주거나 명품 옷만 입히며 사치를 부추겨서 아이의 정신 상태를 파멸시키는 경우가 허다하다.

가장 심각한 것은 아이들이 어릴 때부터 노동의 신성함에 대하여 가르치지 않고, 노동을 하지 않는 것이 행세하는 사람의 기본 자세인 양 잘못 가르치고 있는 것이다. 아무리 잘사는 집이라도 어릴 때부터 아이가 일을 하여 돈을 벌 수 있다는 것을 반드시 가르쳐야 한다. 그렇게 함으로 그 아이가 앞으로 인생을 살아가는 데 중요한 기본자세 훈련이 되기 때문이다.

그렇게 하려면 사회는 학생들이 아르바이트를 할 수 있는 곳을 준비해야 한다. 그리고 부모는 아이에게 돈을 물려주는 것보다는 세상에 적응하면서 생존하는 방법을 가르쳐야 한다. 그리고 아무리 잘살아도 아이에게 너무 풍족한 용돈을 주지 않아야 한다. 어느 한계 이상의 돈이 필요하면 스스로 벌어서 쓰게 하는 것이 바람직하다.

하나님은 아담이 하와의 말을 듣고 선악과를 따 먹은 죄로 말미암아 아담에게는 육체적 고통을 겪으며 일을 해야 먹고살 수 있게 하셨다. 이것은 하나님께서 아담에게 내리신 단순한 벌이 아니라 사랑의 벌이라고 생각한다. 인간은 살아 있는 동안 일을 해야 먹고살 수 있다. 이것이 인간의 삶의 기본 원리이다. 이것을 어기면 인간은 생명을 빼앗기게 되어 있다.

예수님도 이와 비슷한 말씀을 하셨다. "깨어 있으라"라는 말씀이다. "깨어 있으라"라는 말씀을 한국성서유니온선교회의 초대 간사이자 총무였던 윤종하 장로는 "자기 본업에 충실하라"라고 해석하였다. 나는 이 말이 가장 마음에 드는 해석이라 생각한다. 인간은 부족하면 그 부족한 부분을 보충하기 위하여 도전(challenge)을 하게 되어 있다. 도전은 곧 생존과 관계가 있으므로, 도전 정신은 인간이 발전하기 위하여서 기본적으로 갖추어야 할 요소이다.

그런데 아이에게 너무 풍족하게 해 주면 도전 정신을 잃게 되어 있다. 그래서 어린 나이부터 자녀가 자신이 생존하기 위하여 꼭 필요한 도전 정신을 잘 길러 갈 수 있도록 부모는 자식의 환경을 지혜롭게 조절해야 한다.

한 가지 유념할 것은 너무 궁핍하게 하면 육체적, 정신적으로 영양실조가 될 수 있으니 이를 피해야 한다는 것이다. 너무 풍족하면 도전 정신을 잃고, 너무 부족하면 가난에 대한 한이 쌓이게 되므로 부모는 이 점에서 지혜롭게 자녀의 환경을 조절하여야 한다.

❹ 준비된 인재로 길러야

로마에 있는 베드로성당 앞에는 두 개의 동상이 서 있다. 오른편에는 베드로의 동상이 있고, 왼편에는 바울의 동상이 있다. 책(성경)을 읽는 모습의 바울의 동상은 인상적이다.
이 바울의 동상을 세운 이유가 무엇일까?
사도행전에 바울의 행적이 나온다. 그의 원래 이름은 사울이었다. 그는 바리새인이었으며 당대 최고의 학자였고 율법교사인 가말리엘(Gamaliel)의 문하생이었다. 그는 탁월한 학문적 성취로 젊은 나이에 종교계의 요직에 앉아서 유대교를 위해 대단한 활동을 하고 있었던 사람이었다.
당시 유대교의 최고 종파인 바리새파와 사두개파가 유대 사회를 이끌어 가는 시대적 배경 속에서, 예수님이 나타나 그들의 신앙관을 정면으로 반박하면서 새로운 차원의 진리를 선언하고 가르치셨다. 그러나 기존의 종교 지도자들은 그분을 그냥 두지 않았다. 예수님은 결국 기존 종교 지도자들의 음모로 인하여 십자가에 못 박혀 죽으셨다. 그리고 3일 만에 다시 살아나 죽음을 이긴 역사상 초유의 사건이 발생했다. 이런 엄청난 일이 벌어진 후 예수님의 제자들은 일시적 충격에서 벗어나 다시 영적인 재무장을 하고 생전의 예수님의 가르침대로 복음을 전하기 시작했다.

이런 사태가 벌어지는 순간 유대교 지도자들은 전통 유대교에 위기가 닥쳐온다는 사실을 인식하고, 그에 대처하는 방법으로 예수 그리스도의 새로운 복음 전파를 탄압하기 시작했다.

이 탄압에 동원된 사람이 바로 사울이었다. 사울은 새로이 일어나는 예수 그리스도의 복음이 퍼져 나가는 것을 막기 위하여 복음 활동을 하는 제자들을 체포하여 예루살렘으로 끌고 가기 위하여 다메섹(지금의 다마스쿠스)으로 가는 길에서 하나님의 빛을 보고 눈이 멀어서 육체적으로 불구가 된 상태에서 영적인 새로운 체험을 하였다. 이 사건으로 그는 살아 계시는 하나님을 만났다.

그 후 그는 하나님의 명령대로 그때까지 살아온 것과는 180도 다른 새로운 인생길을 걷게 되었다. 이때부터 그의 이름을 사울에서 바울로 개명하였고 복음을 위하여 새출발했다.

그는 죽는 날까지 복음을 전하다가 마지막에는 단두대에서 목이 잘려 죽임을 당하면서도 그가 만난 하나님을 위하여 복음을 전하다가 죽는 것이 더없이 기쁘다고 생각했던 사람이었다.

사도 바울이 기독교에 끼친 업적을 보면 초인적인 일을 하였다. 4차에 걸친 선교 여행을 다니면서 여러 교회를 건설한 것을 비롯하여 신약성경의 3분의 1 이상이 되는 많은 내용을 기록하여 예수 그리스도의 가르침을 사람들에게 가르치는 위대한 일을 했다.

그는 예수님의 가르침을 직접 받은 제자는 아니었지만 기독교 역사에서 베드로와 맞먹는 위대한 제자로 평가받았기 때문에, 베드로성당 앞에 그의 동상이 서게 된 것이다.

바울이 예수님께 직접 가르침을 받은 제자는 아니었지만 그렇게 위대한 일을 할 수 있었던 이유는 준비된 사람이었기 때문이다. 그는 예수 그리스도의 복음을 알기 전에 이미 학문적으로 많은 사람을 지도할 수 있는 능력을 가지고 있었다. 그는 다만 올바른 진리가 무엇인가 하는 것만 나중에 깨달았던 사람이다.

우리는 국가나 사회나 교계에서나 어떤 경우든지 자기를 필요로 하는 곳에 적합하게 쓰일 수 있는 능력을 가진 사람이 되어야 한다.

하나님께서 쓰시려고 할 때 즉시 "예" 하고 대답할 수 있는 능력을 갖춘 자신으로 준비되어야 한다. 특히, 젊은이와 학생들에게는 자신을 준비한다는 것이 절대적으로 중요한 일이다.

아이를 기르는 부모나 학생을 기르는 선생들은 우리의 후손 가운데서 인류를 위하여 위대한 일을 할 수 있는 유능한 인재를 길러 내는 데 온 정성을 다하여야 할 것이다.

⓯ 동기 유발은 옳은 것으로

인간은 경제적 동물이다. 그래서 최소의 노력으로 최대의 수확을 거두려고 하는 것이 인간의 본능이다.
그러면 어떻게 인간이 스스로 일을 하게 할 수 있는가?
이것이 가장 중요한 생산 원동력이 된다는 사실을 쉽게 알 수 있다. 이것이 자본주의 경제의 기본 명제이다.
자본주의 경제 운용의 첨단을 걷는 미국이 아직도 계속하여 1인당 생산 능력 1위의 자리를 차지하고 있는 원인이 무엇일까?
그것은 한마디로 요약하면 "모든 사람에게 공평한 자유경쟁을 시키고 있기 때문이다"라고 말할 수 있다.
미국은 재벌의 자식이나 고관대작의 자식이나 또는 돈이 없어 하루하루 벌어먹기도 힘든 사람의 자식이나 다 같이 자기 능력만 있으면 경쟁에 뛰어들 수 있으며 승리자도 될 수 있는 사회이다. 누구나 자기 발전을 하는 데 지장이 없도록 국가의 제도를 운영하고 있다.

지금 미국이 그렇게 하고 있는 것은 하루이틀 만에 이루어진 것이 아니다. 오랜 세월을 두고 사회를 발전적으로 이끌어 왔기 때문에 지금 그런 사회가 되었다.

우리 사회도 이와 같은 사회로 급변하고 있기 때문에 그에 대한 대비를 하여 교육해야 한다. 이제는 개인이 자기 발전을 위하여 어떤 비전을 가지고 인생을 사느냐 하는 것이 중요한 성공 인자로 작용할 것이다.

자녀의 자기 발전을 위한 동기 유발은 반드시 의(righteousness)에 근거를 두어야 한다. 자녀가 미래를 보는 눈이 의롭고, 소아를 버리고 대아를 찾고, 자기중심적인 생각을 버리고 더불어 사는 넓은 생각을 하도록 해야 한다. 땅의 것을 버리고 하늘의 것을 먼저 생각하는 의롭고 진실하며 불변의 진리에 근거를 둔 세계관을 가지게 하여야 한다.

그런 세계관을 가지려면 작은 것에 집착하지 않아야 한다. 다소 내 것을 손해 보아도 대의를 위하여 자기를 희생할 줄 아는 큰 그릇의 사람이어야 남을 지도할 수 있는 지도자가 될 수 있다. 당장 눈앞에 보이는 조그마한 이득보다도 인생의 미래를 내다볼 줄 알고 인생 전체를 설계할 줄 아는 자녀가 되도록 세계관을 넓혀 가도록 길러야 한다. 마음이 크면 클수록 큰 사람이 될 것이고, 마음의 크기에 따라서 지도자로서의 위치가 결정될 것이다.

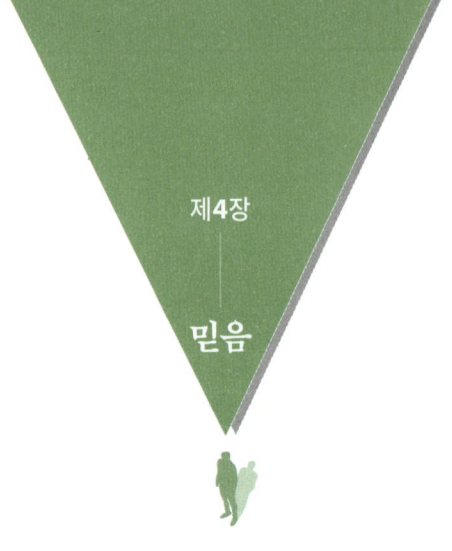

제4장

믿음

1. 믿음이란?

우리말로 '믿음'이란 단어는 사전적으로 두 가지 의미를 가진다.

첫째, 믿는 마음. 즉, 영어의 believe에 해당하는 '신뢰'
둘째, 신앙. 즉, 영어의 faith에 해당하는 종교적 '신념'

영어의 believe란 단어는 '어떤 것에 대하여 신뢰한다'라는 의미가 강하고, faith라는 단어는 특히 종교적인 관점에서 말하는 것으로 '사실 증명이나 뒷받침할 만한 근거가 없을지라도 어떤 것을 의심 없이 완전히 받아들인다' 라는 의미이다.

신앙적인 믿음, 즉 영어의 faith에 해당하는 믿음에 관하여 성경 여러 곳에 기록되어 있다.

> 사람이 의롭게 되는 것은 율법의 행위로 말미암음이 아니요 오직 예수 그리스도를 믿음으로 말미암는 줄 알므로 … 그리스도를 믿음으로써 의롭다 함을 얻으려 함이라(갈 2:16).

> 이는 예수 그리스도를 믿음으로 말미암는 약속을 믿는 자들에게 주려 함이라(갈 3:22).

여기에서 말하는 믿음은 '하나님께서 독생자를 이 땅에 보내서 십자가에 못 박혀 죽게 하심으로 인간을 구원한다'라는 믿음, 즉 예수 그리스도의 보혈로 인간을 구원하신다는 사실을 믿는 것이다.

지금은 인간의 지식 수준이 높아져서 무턱대고 믿으라고 한다고 믿는 시대가 아니다. 합리적인 설명을 해서 사람들을 이해시키는 것이 필요하다.

나이가 들어서 생각해 보니 어떻게 내가 하나님을 알게 되었는지 나도 이해할 수 없는 신비를 느낀다. 내가 하나님을 알게 된 것은 기적에 가까운 일이다.

내가 현직에 있을 때 10여 년 동안 학생들을 데리고 의료 봉사를 하러 세계 여러 나라를 다녀보고 깨달은 것은 나라의 흥망성쇠는 그 나라의 종교와 관계가 깊다는 것이다.

한국은 원래 토속 신앙과 불교와 유교를 믿는 나라였으나, 백여 년 전에 기독교가 전래되어 비교적 다원화된 종교를 가지게 되었다. 그러나 약 백 년 전까지만 해도 조선 왕조의 정책의 영향을 받아 온 사회적 분위기 때문에 대부분의 가정은 유교 전통을 이어 갔다. 더 정확하게는 고려에 왕성했던 불교와 더불어 유교가 사회 전체를 지배하고 있었다. 이런 때에 기독교가 신흥 종교로 등장하였다.

나는 한국에서 유교 전통으로 유명한 안동의 하회마을에서 멀지 않은 곳에서 대대로 제사를 모시는 유교 가정의 장손으로 태어나서 유교적 법도를 배우며 자랐다. 그런데 내가 겨우 말을 배운 어린 나이에 할아버지께서는 나를 당신의 무릎 위에 앉혀 놓고 날마다 말씀하셨다.

"너는 장차 대학에 가서 공부해야 한다. 너는 커서 농사짓지 말고 물 좋고 정자 좋은 곳에 가서 살아라."

내가 고등학교에 입학할 당시 한국은 80퍼센트의 국민이 농민이었고, 수백 년 동안 지키며 살아온 유교 전통에서 벗어나 기독교로 개종하기는 거의 불가능한 사회였다.

특히, 종가의 장손으로 조상의 제사를 주동하여 모셔야 할 나에게는 더욱 그러했다.

그러나 나는 고등학교에 들어가면서 우여곡절 끝에 억지로 교회 문턱을 드나들게 되면서 기독교에 관한 맛을 보기 시작했다.

그렇지만 할아버지께서 말씀하신 "너는 물 좋고 정자 좋은 곳에 가서 살아라"라는 말씀은 하나의 신조처럼 나를 지배하고 있었다. 할아버지의 말씀대로 하려면 고향을 떠나 공부를 해서 성공해야 하고, 성공을 하려면 모험을 해야 한다는 생각이 들었다.

대학에 들어가고 철이 들어 생각해 보니 나의 미래가 종교와 밀접한 관계가 있는 것 같았다. 그래서 각 종교의 실체를 파악하는 데 상당한 시간을 투자했다. 몇 년 동안 한국의 3대 종교에 대하여 조사해 보니, 각 종교에 특성과 중점적인 지향점이 있다는 것을 알게 되었다.

불교는 욕심을 버리고 자기를 수련하여 무아의 경지에 들어가 열반에 이르러 불타가 되는 것이 핵심이다. 이런 종교를 믿으면 마음의 평안을 얻을 수 있지만 자기 발전을 위하여 인생을 개척하는 삶을 사는 데는 도움을 얻지 못할 것 같았다.

유교는 삼강오륜을 중심으로 하는 도덕률을 지키게 함으로 은연중에 상하나 남녀 관계에 따른 복종을 강요한다. 나는 유교가 젊은이들을 늙은이들에게 복종하게 하고, 여성의 인권을 유린한다는 생각이 들었다. 또 부모 공경은 바람직한 일이지만, 한창 자기 발전을 해야 할 나이에 그 일에만 몰두하는 것은 비합리적으로 보였다. 유교를 숭상하던 조선에서는 효를 실천하기 위하여 가진 땅을 다 팔아서 3년 상을 치르고 나면 먹고살 길이 없어지는 일도 흔했다고 한다.

이런 종교를 가지면 인간이 태어나서 자기 능력을 발휘하면서 성공적인 인생을 살기는 어렵겠다는 생각이 들었다. "자식이 자기 허리를 한번 펴 볼 수도 없도록 부모가 자식의 어깨 위에 올라타고 춤추며 말년을 즐기는 것은 있을 수 없는 일이다"라고 말한 어느 미국 할머니의 말이 유교의 문제점을 잘 표현했다고 생각했다.

기독교는 진취적이고 새로운 세계를 향한 끝없는 도전적 삶을 추구하도록 촉구하는 종교이다. 서양 문명을 급속도로 발전시킨 그 원동력은 바로 역동적이고 진취적인 기독교 정신이다. 기독교야말로 한자리에 머물러 안주하지 않고 자기의 역량만큼 최대한의 능력을 발휘할 수 있도록 인간의 사고와 활동을 자유롭게 설정한 종교라는 생각이 들었다.

그래서 기독교를 믿기로 마음을 정하고 대학을 졸업할 때까지 매주 토요일 하루를 하나님의 일을 위하여 바치기로 작정하고 기독교에 대한 서적을 읽기 시작했다. 소위 기독교 고전을 탐독하였다. 교회의 기본을 알기 위하여 조직신학 공부를 하고 중고등학교 학생들에게 가르치는 일도 병행했다.

내가 기독교인이 될 수 있었던 것은 조부님께서 내가 자유로운 사고를 할 수 있도록 키워 주시고, 고모님이 내게 교회에 발을 들여놓을 수 있는 계기를 마련해 주셨기 때문이며, 무엇보다 하나님을 알도록 내 영혼에 내리신 하나님의 은총 덕분이라는 생각이 든다.

내가 유교 가정에서 태어나서 하나님을 알게 된 것이 기적이라고 할 만큼 과거 전통적인 사회에서 새로운 종교를 갖는 것은 어려웠다. 그런데 그에 못지않게 지금은 과학 문명의 발달로 인하여 복음을 전하기가 어려운 사회가 되었다. 그냥 대강 전도해서는 복음을 전할 수가 없다. 구체적이면서도 합리적인 설명이 필요하다. 예수 그리스도가 십자가에 달려 돌아가신 것과 그분을 믿는 자가 구원을 받는 것이 무슨 상관이 있는지 설명해야 복음을 전할 수 있는 시대이다.

그 해답을 얻기 위하여 그 당시 사회와 예수님의 행적을 살펴봄으로, 예수님이 십자가에 달려 죽으심과 그분이 가르치신 진리의 말씀을 믿음으로 구원을 얻는 상관관계를 유추해 볼 수 있다.

구약 시대에는 모세의 율법이 신앙의 중심에 있었다. 그 율법을 지키고 행하면 하나님의 뜻대로 사는 것이었고 그로 인하여 구원을 얻는다고 믿었다. 그러나 그 율법이 편찬된 후 1,500여 년이 지난 후에 오신 예수님은, 당시 사회가 모세가 시내산에서 하나님으로부터 받아 온 율법을 지키는 것으로는 온전한 믿음생활을 할 수 없는 사회로 변했다는 것을 인식하셨다. 즉, 모세의 율법으로는 하나님께서 원하시는 수준의 삶을 살 수 없다는 것을 예수님은 아셨다.

예수님은 모세의 율법을 한층 더 높은 수준으로 재해석하여 인간의 삶의 표준을 한층 높이 설정하셨다. 그러나 예수님의 그런 제안은 전통 신앙을 가진 바리새인들과 대제사장과 서기관 같은 기득권 세력의 저항을 받았다. 예수님은 그들의 정치적 흥정을 거절하고 자기가 바르다고 생각하는 진리를 고수함으로 십자가에 못 박혀 돌아가셨다.

만약 예수님이 그들의 흥정을 받아들였으면 십자가에 달리는 고통을 받지 않으셨을 것이고, 자기 생명을 보존하실 수도 있었을 것이다. 그러나 그분은 그들의 흥정을 거절하고 진리를 사수함으로 죽임을 당하셨다.

우리는 지금 예수님이 설정한 높은 수준의 진리를 믿고 그대로 행함으로 죄를 짓지 않을 수 있게 되었다. 예수님이 피를 흘리며 진리를 사수하지 않으셨다면 지금 우리는 죄를 죄로 알지 못하거나 모세의 율법을 지키는 수준의 삶을 살고 있을 것이다.

그러면 하나님께서 바라는 믿음은 어떤 믿음인가?

어떤 삶을 살아야 구원받을 수 있을까?

마태복음 19장 16-22절에 나오는 어느 부자 청년의 이야기에서 그 해답을 얻을 수 있다. 그는 예수님에게 찾아와서 물었다.

"선생님, 제가 무슨 선한 일을 하여야 영생을 얻을 수 있습니까?"

예수님이 대답하셨다.

"네가 영생을 얻으려면 계명들을 지켜라."

그 말을 들은 청년이 다시 물었다.

"어느 계명을 지키라는 말씀입니까?"

예수님이 대답하셨다.

"살인하지 말라. 간음하지 말라. 도둑질하지 말라. 거짓 증언 하지 말라. 네 부모를 공경하라. 네 이웃을 네 자신과 같이 사랑하라."

그 말을 들은 청년이 물었다.

"이 모든 것을 제가 지켰는데 아직도 무엇이 부족합니까?"

그때 예수님이 말씀하셨다.

"네가 온전하고자 한다면, 가서 네 소유를 팔아 가난한 자들에게 주어라. 그리하면 하늘에서 보화가 네게 있으리라. 그렇게 한 후에 와서 나를 따르라."

그 청년이 재물이 많으므로 이 말씀을 듣고 근심하며 갔다고 성경에 기록되어 있다.

이 이야기에서 예수님이 하신 말씀은, 계명을 지키는 것은 물론이고 하나님을 향한 마음이 최우선인 삶을 살라는 뜻이다. 우리 마음속의 최우선순위가 하나님이어야 한다는 말이다. 이 말씀은 재물이 마음에 있으면 그 재물 때문에 하나님을 온전히 따를 수 없다는 것을 암시하고 있다.

하나님께서 가르치신 것들을 일상생활에서 실천해야 진정한 믿음이다. 부자 청년은 자기가 가진 물질 때문에 온전히 예수님을 따를 수 없었다. 그의 마음속에는 물질이 믿음보다 중했다. 물질에 대한 욕심, 세상적인 생각이 그의 삶을 좌우했다. 그런 마음으로는 진정한 믿음생활을 할 수 없다. 믿음을 가진 자는 세상적인 욕망을 다 내려놓고 빈 마음이 되어야 한다. 빈 마음은 평안의 빛을 발한다. 가진 것을 다 내려놓아야 빈 마음이 되고, 그런 믿음이 참믿음이다.

예수님은 하나님을 향한 마음 다음으로 "네 이웃을 네 자신과 같이 사랑"하는 마음을 강조하셨다. 이런 마음은 성경 여러 곳에 나온다.

> 네 이웃 사랑하기를 네 자신과 같이 사랑하라(레 19:18).

누가복음 10장에 나오는 〈선한 사마리아인의 비유〉는 어떤 행동을 하는 사람이 이웃인가를 구체적으로 설명해 준다.

> 어떤 율법교사가 일어나 예수를 시험하여 이르되 선생님 내가 무엇을 하여야 영생을 얻으리이까 예수께서 이르시되 율법에 무엇이라 기록되었으며 네가 어떻게 읽느냐 대답하여 이르되 네 마음을 다하며 목숨을 다하며 힘을 다하며 뜻을 다하여 주 너의 하나님을 사랑하고 또한 네 이웃을 네 자신같이 사랑하라 하였나이다 예수께서 이르시되 네 대답이 옳도다 이를 행하라 그러면 살리라 하시니 그 사람이 자기를 옳게 보이려고 예수께 여짜오되 그러면 내 이웃이 누구니이까 예수께서 대답하여 이르시되 어떤 사람이 예루살렘에서 여리고로 내려가다가 강도를 만나매 강도들이 그 옷을 벗기고 때려 거의 죽은 것을 버리고 갔더라 마침 한 제사장이 그 길로 내려가다가 그를

보고 피하여 지나가고 또 이와 같이 한 레위인도 그곳에 이르러 그를 보고 피하여 지나가되 어떤 사마리아 사람은 여행하는 중 거기 이르러 그를 보고 불쌍히 여겨 가까이 가서 기름과 포도주를 그 상처에 붓고 싸매고 자기 짐승에 태워 주막으로 데리고 가서 돌보아 주니라 그 이튿날 그가 주막 주인에게 데나리온 둘을 내어 주며 이르되 이 사람을 돌보아 주라 비용이 더 들면 내가 돌아올 때에 갚으리라 하였으니 네 생각에는 이 세 사람 중에 누가 강도 만난 자의 이웃이 되겠느냐 이르되 자비를 베푼 자니이다 예수께서 이르시되 가서 너도 이와 같이 하라 하시니라(눅 10:25-37).

이 말씀에서 우리는 사랑을 실천하는 것이 진정한 믿음이라는 것을 알 수 있다.

그런데 기독교 역사를 뒤돌아보면 교회는 번성과 쇠퇴를 반복해 왔다. 유대교에서 기독교(천주교)가 탄생했고, 기독교(천주교)에서도 중세에 종교개혁이 일어나 신교(프로테스탄트)가 탄생했다. 신교도 유럽과 미국 문화의 꽃을 피웠다가 시간이 지남에 따라 점점 힘을 잃어 가고, 우리나라에서도 복음이 들어온 후 백여 년 동안 부흥하다가 최근에는 힘을 잃어 가고 있다.

초기(일본의 강점기) 한국 교회는 평양대부흥과 같은 부흥이 있었다. 그러나 일본의 군국주의에 굴복하여 총회는 신사 참배를 하도록 가결하는 우를 범했다. 주기철 목사 같은 분은 고난을 당하면서도 신사 참배를 반대했지만, 목숨을 걸고 신사 참배를 반대해야 할 지도자들이 어찌하여 신사 참배 의안을 가결하는 우를 범했는지 안타깝다.

이처럼 교회가 쇠퇴하게 된 데는 이유가 있을 것 같다. 그 이유를 살펴보자.

첫째, 인류 문명은 계속 발전하기 때문이다. 문명이 발전하면 종교도 그 문명에 맞도록 개혁이 되어야 하는데 그러지 못했기 때문이다. 종교를 개혁하는 데에는 시간이 걸린다. 인간의 생각의 변화에도 관성이 작용하기 때문이다. 그래도 19세기까지는 문명의 발전 속도가 비교적 느렸지만 20세기부터 이전보다 빠른 속도로 변했다. 최근 백여 년 동안은 과학 기술의 급속한 발전으로 인류 문명의 발전에도 가속도가 붙었다. 그에 따라 사회의 패러다임도 급속도로 변하여 종교 개혁을 할 시간적 여유가 없었다.

둘째, 19세기 산업혁명과 과학 기술의 발전으로 현대 사회는 초기 사회보다 잘사는 사회가 되었기 때문이다. 그래서 교회에 가지 않아도 잘살 수 있다고 생각하는 사람이 많아졌다. 그런 생각으로 사람들이 하나님을 찾지 않는다.

셋째, 인간은 타성이 생기는 본성을 가졌기 때문이다. 신앙인이 처음에는 열정적으로 믿다가 시간이 지나면 타성이 붙어서 형식적인 종교인이 될 수 있다. 이런 인간의 본성을 극복하려면 교회가 교인들이 깊은 신념을 가지도록 믿음의 본질을 가르쳐야 하는데 그러지 못했기 때문에 쇠퇴했다. 거기에다 교회 운영을 이벤트 행사처럼 해 왔기 때문에 교인들이 타성에 젖는 데 일조했다.

넷째, 인간은 다른 동물과 달리 양심이라는 본성을 가지고 있는데 교회가 그것을 간과했기 때문이다. 양심을 가볍게 여긴 일은 초대 교회에서도 있었다. 예수님의 열두 제자 중의 한 사람인 도마를 '의심 많은 도마'로 평가했던 것이다.

인간은 호기심이 많고, 선과 악을 구별하기 위하여 사실을 확인하려 하고 그렇게 확인한 것을 신뢰하는 양심을 가지고 있다. 사람이 한번 죽으면 살아날 수 없다는 것은 누구나 다 아는 사실이다. 도마는 예수님이 십자가에 달려 돌아가신 후 다시 살아나셨다는 것을 믿을 수 없어, 예수님의 옆구리에 손을 넣어 보고 부활을 확인했다. 그 후 그는 복음을 전하다가 순교했다. 그의 손가락은 그가 순교한 인도 마드라스 지역의 한 교회에 지금까지 보관되어 있다.

이런 이유들 때문에 새로 교회를 찾는 사람이 줄어들고, 기존의 교인들도 참믿음은 없고 종교인 행세만 하는 경우가 늘어가니 교회는 힘을 잃어 간다. 그러므로 교회가 개혁을 해야 한다. 기존 교인들에게 참된 믿음을 가진 교인이 되도록 가르치는, 교회의 개혁이 있어야 한다.

그러나 교회의 개혁은 물리학의 관성의 법칙이 작용하기 때문에 시간이 걸린다.

그러면 어떻게 해야 할까?

우선 교인들에게 참된 믿음을 가지도록 가르치는 일부터 시작해야 한다.

어떻게 가르쳐야 할까?

첫째, 교인들에게 순전(純全)한 믿음을 가지도록 가르쳐야 한다.

그 믿음은 어떤 믿음인가?

사도 바울은 히브리서 11장에 상세히 기록했다.

> 믿음은 바라는 것들의 실상이요 보이지 않는 것들의 증거니 (히 11:1).

바라는 것들의 실상을 볼 수 있고, 보이지 않는 것들의 증거를 삼을 수 있는 믿음이 있어야 한다. 하나님은 전능의 하나님, 의로운 하나님, 사랑의 하나님이라는 것을 믿고, 그분이 말씀하신 대로 믿고 행동하는 순전한 믿음을 가져야 한다.

그렇게 믿은 신앙의 선배들이 있다. 히브리서 11장을 보면, 믿음으로 모든 세계가 하나님의 말씀으로 지어진 줄을 아는 성도들이 있다(3절). 믿음으로 에녹은 죽음을 보지 않고 옮겨졌고(5절), 믿음으로

노아는 방주를 지어 가족을 구원했다(7절). 믿음으로 아브라함은 갈대아 우르를 떠나 약속의 땅으로 갔고(8절), 믿음으로 사라도 단산하였으나 잉태할 힘을 얻었으며(11절), 믿음으로 아브라함은 이삭을 하나님께 드렸다(17절).

이 예에서 공통적으로 유추해 볼 수 있는 것은, 모두가 하나님의 말씀을 의심 없이 믿고 행동으로 옮겼다는 것이다. 특히, 마지막에 예를 든 아브라함이 이삭을 제물로 드린 믿음은 순전한 믿음의 표본이다.

둘째, 하나님을 두려워하는 믿음을 가르쳐야 한다.

이 두려워하는 마음은 호랑이를 두려워하는 그런 두려움이 아니다. 하나님은 위대하고 경이로운 하나님이라는 것을 믿는, 즉 하나님을 경외(敬畏)하는 믿음이어야 한다. 그 하나님이 지금 나와 함께 계신다는 것을 믿어야 한다. 그것을 믿지 않고 기도하는 것은 허공을 향하여 기도하는 것이다. 그런 기도를 하면 기적이 일어나지 않는다. 또한, 하나님을 경외하는 마음이 없으면 기회만 있으면 불의한 행동을 하기 쉽다.

셋째, 이웃을 나 자신같이 사랑하는 믿음을 가르쳐야 한다.

이웃을 얼마나 사랑해야 할까?

성경에서는 이웃을 자기 자신같이 사랑하라고 했다. 남과 나를 구별하지 않는 사랑을 하라는 말이다.

2. 예방적 믿음

반세기 전 한때 한국 기독교계에서 회개하는 눈물이 있어야 잘 믿는 것이라고 강조했던 적이 있었다. 그래서 교인들 중에는 매일 눈물을 흘리며 다니는 사람이 많았다. 그래야 신앙이 좋은 교인으로 인정받았기 때문이다.

그때 나는 어렸지만 어른들이 울고 다니는 것을 이해할 수 없었다. 범죄를 한 후에 회개하느라고 눈물을 흘릴 것이 아니라 범죄를 하지 않는 것이 더 나은 믿음이 아닌가 생각되었다. 마치 병이 난 후에 병원에 가서 치료를 받을 것이 아니라 병이 나지 않게 예방을 하는 것 같이 죄를 범한 후에 회개할 것이 아니라 죄를 짓지 않는 것이 마땅할 것 같았다.

하나님께서 인간을 창조하셨을 당시의 아담은 하나님의 형상대로 지어졌으니 하나님과 같이 죄가 없는 인간이었을 것이다. 그래서 우리가 죄를 지으면, 죄를 짓기 전의 아담과 같이 되돌아가야 한다.

어떻게 아담과 같이 될 수 있을까?

예수 그리스도의 가르침을 따라 살면서 이전의 잘못된 삶을 회개하고 다시 죄를 짓지 않아야 할 것이다. 그러나 인간은 죄로 기울어지는 본성을 가지고 있기 때문에 죄 없는 하나님과 같이 된다는 것은 불가능하다. 그렇지만 예수 그리스도를 믿고 사함을 받고 그의 가르침을 따라 실천하는 삶을 살아서 죄 없는 사람으로 거듭나야 한다. 또한, 양심에 오류가 없는 삶을 살기 위하여 양심의 거울도 계속 맑게 유지해야 할 것이다.

3. 기도(祈禱)

　구약성경 이사야에 기록된 말씀을 보면 그때의 신앙인들의 모습이 오늘날의 신앙인들과 너무나 비슷했던 것 같다. 헛된 제물과 헛된 분향을 드리며, 형식적으로 안식일을 지키고, 형식적인 행사를 하면서 그것을 믿음이라고 자랑했다. 그러나 그런 행위들은 하나님 보시기에는 참을 수 없는 가증한 것이었다고 기록되어 있다.

　하나님은 그런 것이 싫어서 역정을 내셨고 심지어는 괴로워하셨다. 그래서 하나님은 손을 펴서 눈을 가리고 보지 않으셨고, 형식적인 인간이 아무리 기도를 해도 듣지 않으셨다고 기록되어 있다. 그런 형식적인 것보다 하나님은 깨끗한 마음을 원하신다.

　믿음이 지나치게 형식화된 오늘날, 교회는 지나치게 이벤트를 행하면서 그 이벤트가 잘되면 교회가 잘되는 것으로 알고, 믿음이 좋다는 사람들은 일상생활의 작은 것 하나까지 하나님께 물어보고 해야 한다면서 형식적인 삶을 사는 것이 믿음인 줄 알고 행한다. 심지어는 물 한 컵 마시는 것도 하나님께 물어보고 감사기도를 하고 마신다는 사람도 있다. 그런 사람들은 모든 것을 하나님께 기도로 고하여 물어보고 행동을 해야 한다고 말한다.

하나님께 의지하고 사는 것은 좋지만, 하나님은 우리의 삶에서 그런 사소한 것까지 간섭하는 분이실까?
위대하신 하나님께서 우리 일상의 작은 일들에 다 간섭하실까?
인간이 할 수 있는 일은 양심에 의하여 판단하여 행하고, 인간이 할 수 없는 것은 하나님의 도움을 받는 것이 바람직하지 않은가?

내가 이런 생각을 하게 된 데에는 그럴 만한 계기가 있었다. 1995년 내 나이 50대 중반에 생리적, 정서적 변화를 경험하면서였다. 그동안 나는 옆을 돌아볼 여유 없이 내 할 일을 하느라고 정신없이 바빴다.

그해 여름 영국에서 있었던 학회를 다녀온 후부터 신체적 한계를 느끼면서 남은 인생을 어떻게 살아야 하나 고민하게 되었다. 그때까지는 하나님의 은총 아래 산다고 생각은 하고 있었지만 나 자신이 주체가 되어 인생을 살아왔다. 그러나 이때부터 내 삶의 중심에서 나보다 하나님을 의지하는 마음으로 변해 가기 시작했다.

그래서 나는 이렇게 기도드렸다.

"하나님, 이제 부족한 종의 인생을 마무리 짓기 위하여 앞으로 무엇을 해야 하는지 저의 삶을 인도해 주시옵소서!"

그 기도는 일상생활을 하는 데 필요한 세세한 것을 다 하나님께 의지하려는 것이 아니고 내가 지향해야 할 방향을 인도해 달라는 기도였다.

나는 인간이 신에게 기도로 구한다는 것은 인간의 이성으로 판단할 수 없는 것이나 인간의 능력으로는 할 수 없는 것을 하나님께 기도로 구하는 것이라고 생각한다. 그래서 나는 다른 사람들보다 기도하는 시간이 짧다. 그 대신 내가 해야 할 일에 더 많은 시간을 할애한다.

그러나 나는 하루 가운데 특별히 구분하여 기도하는 시간은 짧지만, 삶 자체를 하나님께 기도하는 마음으로 살았다. 그리고 꼭 필요할 때는 기도하는 시간을 따로 가진다. 언제든지 내가 기도하면, 하나님은 나의 기도를 거의 들어주셨다. 간혹 하나님께서 나의 기도를 들어주지 않으실 때도 있었다. 그러나 시간이 지나고 보면, 내가 하나님께 기도한 것보다 더 좋은 것을 받았음을 알게 되었다.

기도 응답를 받지 못했던 이유는 나의 판단이 하나님의 뜻에 이르지 못하여, 하나님의 뜻을 알지 못하고 내 판단에 의하여 기도했기 때문이라는 것을 깨달았다. 하나님께서 판단하시는 수준으로 영안을 밝게 유지하는 것이 기도 응답의 첩경이라는 것을 깨달았다.

4. 맹세(swear)

> 또 옛사람에게 말한 바 헛 맹세를 하지 말고 네 맹세한 것을 주께 지키라 하였다는 것을 너희가 들었으나 나는 너희에게 이르노니 도무지 맹세하지 말지니 하늘로도 하지 말라 이는 하나님의 보좌임이요 땅으로도 하지 말라 이는 하나님의 발등상임이요 예루살렘으로도 하지 말라 이는 큰 임금의 성임이요 네 머리로도 하지 말라 이는 네가 한 터럭도 희고 검게 할 수 없음이라 오직 너희 말은 옳다 옳다, 아니라 아니라 하라 이에서 지나는 것은 악으로부터 나느니라(마 5:33-37).

여기 '맹세'라는 말 자체는 불신에 대하여 확신을 심어 주기 위하여 필요한 것이다. 다시 말하면, 이 말 자체가 불신을 전제로 하고 있다는 것이다. 그런데 예수님은 맹세 자체를 하지 말라고 하셨다. 인간은 그 맹세를 지킬 수 없는 존재이다. 그래서 예수님은 하늘로도 땅으로도 예루살렘으로도 맹세하지 말라고 하셨다. 그 모든 것은 인간 자신과는 거리가 먼 것이라고 하셨다. 심지어는 인간 자신에게 속해 있는 머리로도 하지 말라고 하셨다.

그만큼 인간의 마음은 변하기 쉽다. 맹세한 것을 지키기가 어려운 본성을 가진 존재가 인간이다. 뱀의 꾐에 넘어가서 선악과를 따 먹는 연약한 인간의 본성을 잘 아시는 예수님은 맹세를 하지 말라고 하셨다. 차라리 갓난아기처럼 순진하게 사는 것이 악으로 빠져들지 않는 방법이라는 말이다.

　인간이 그렇게 맹세를 지킬 수 없는 이유는 이미 앞에서 설명한 바와 같이 인간은 매 순간 선과 악 사이에서 선택을 하며 살아가는 존재이기 때문이다. 또한, 인간의 본성도 엔트로피가 증가하는 방향으로 작용하는 자연법칙을 벗어나지 못하여 무질서한 방향으로 가는 힘이 작용하고 있기 때문에 맹세한 것을 지키지 못할 가능성이 크다. 인간이 아무리 선하게 살겠다고 맹세를 해도 무질서로 가는 힘과 눈앞에 알랑거리는 유혹에 넘어가기 쉬운 연약한 본성을 가졌기에 예수님은 맹세하지 말라고 하셨다.

　맹세를 하고 그 맹세를 지키지 못하면 그 자체가 또 죄가 되기 때문에, 어차피 못 지킬 것을 맹세하고 그것을 지키지 못하게 됨으로 추가되는 죄를 짓기보다는 처음부터 맹세를 하지 않는 것이 낫다는 뜻이다.

5. 생명보다 귀한 진리

　성경 전체를 통하여 기독교 역사를 살펴보면 이정표가 될 만한 사건이 몇 개 있다. 모세가 시내산에서 하나님으로부터 율법을 내려 받은 일과 예수님이 그 율법을 차원이 높은 수준으로 해석하시고 십자가에 달려 죽으신 일이다. 전자에서 유대교가 가르침을 얻었고, 후자에서 새로운 종교인 기독교(천주교)가 탄생했다. 중세에 마르틴 루터의 종교개혁으로 다시 개신교(프로테스탄트)가 새롭게 등장했다.

이처럼 기독교의 발전 과정에서 큰 사건이 있을 때마다 이전의 신앙관보다 새롭고 발전된 패러다임에 부합하는 개혁이 있어 왔다. 지난 백여 년 동안 과학 문명의 급속한 발전으로 인류 사회의 패러다임이 크게 변하여 다시 종교개혁이 필요하다는 여론이 종교계에서 일어나고 있다.

이런 큰 사건들이 일어나는 원인은 인류 문명의 발달과 궤를 같이한다. 유대교의 율법은 기원전 500년경의 사람들의 수준에 맞았다. 그러나 500년이 지난 예수님 시대에는 인류 문명의 발전으로 그 사회에 적합한 새로운 규범이 필요했다. 그래서 예수님은 모세의 율법을 새로운 문명 사회에 맞는 수준으로 높여서 해석하여 가르치셨다.

그러나 예수님은 유대교 지도자들의 저항을 받아서 어려움을 당하셨다. 예수님은 유대교 지도자들을 신랄하게 비판하며 자신의 신앙관이 옳다는 것을 강력하게 주장하셨다. 예수님은 율법을 폐하러 온 것이 아니라 율법을 완성하러 왔다고 말씀하셨다. 그러나 유대교 지도자들은 자기들의 신앙관을 고수하며 기득권을 잃지 않으려고 예수님을 설득하다가 안 되니까 죽이려는 음모를 꾸미기 시작했다.

그들은 예수님에게 "새로운 진리를 가르치는 것을 포기하면 살려주겠다"라고 제안했지만 예수님은 자신이 깨달은 진리를 사수하면서 죽음을 택하셨다.

예수님은 자신의 생명보다 죄에 빠진 인류를 구원하는 것을 더 소중하게 여기셨다. 그래서 진리를 포기하지 않으셨고 우리를 구원하시기 위해 죽음을 택하셨다.

성경 마태복음 16장에 기록된 것을 보면 예수님은 자신이 핍박을 당하고, 십자가에 달려 죽으며, 3일 후에 다시 살아난다는 것을 알고 계셨음이 분명하다. 그러나 그 사실을 제자들에게 말하지 않고 있다가 "주는 그리스도시요 하나님의 아들이라"라는 베드로의 확고한 고백을 듣고 나서 비로소 자기의 죽음과 3일 후에 살아난다는 것을 제자들에게 말씀하신 것 같다.

예수님이 그 말씀을 제자들에게 하신 후 "그런 이야기를 다른 사람들에게 하지 말아라"라고 부탁하신 것을 보면, 예수님은 그때까지 제자들의 신앙을 그렇게 신뢰하지 않으셨던 것 같다.

예수님은 40일 금식기도를 하신 후, 마귀의 시험을 물리치시고, 산상보훈을 위시하여 많은 복음을 가르치시고, 자신이 하나님의 아들이라는 사실을 변화산에서 베드로와 야고보와 요한에게 보여 주신 후 제자들에게 자신이 하나님의 아들이란 것을 말씀하셨다. 상당히 조심스럽게 자신의 정체를 드러내셨다.

그 이유는 아마 모세의 율법으로 무장되어 있지만 그 율법으로는 부족함이 많은 유대인의 사회에 그 율법으로는 부족한 부분을 보충하는 새로운 계율을 선포하기를 바라셨지만, 그런 일 때문에 기득권 세력으로부터 핍박받을 것을 아셨기에 조심스럽게 연착륙을 시도하셨던 것이 아닌가 싶다. 그러나 예수님은 자신이 하는 일이 하나님의 섭리 가운데 진행된다는 것을 확신하셨다.

그러나 그분은 하나님의 섭리와 사회 환경적 어려움 사이에서 고민을 많이 하셨던 것 같다. 하나님의 진리를 위하여 자기 목숨을 바칠 것인가, 아니면 자기의 생명을 위하여 진리를 버릴 것인가 하는 고민이 있었을 것이다. 그러나 그분은 진리를 위하여 목숨을 버리는 길을 택하셨다. 진리가 목숨보다 귀하다는 판단을 하셨던 것이다.

6. 의와 믿음(righteousness and faith)

기독교는 믿음으로 구원받는 종교이다. 그 믿음은 의로움이 따르는 믿음이다. 의로움이 없는 믿음은 온전한 믿음이라고 할 수 없다. 하나님께서는 "의인은 그의 믿음으로 말미암아 살리라"(합 2:4; 롬 1:17; 갈 3:11)라고 말씀하셨다. 거꾸로 말하면 믿음으로 살아야 의로운 삶을 살 수 있고, 그래야 의인이 된다는 말이다.

의로운 삶이란 어떤 삶인가?

첫째, 의인은 비난할 여지가 없는 삶을 살아야 한다(잠 20:7).
인간이 완벽하게 의로운 삶을 산다는 것은 불가능하다.
그러면 얼마나 의롭고 깨끗한 삶을 살아야 하는가?
그 대답은 인류의 보편적인 양심에 비추어 비난을 받지 않을 만한 삶을 살아야 한다는 말로 이해하면 될 것 같다.

둘째, 의인은 옳은 말을 하여 사람들에게 유익을 주어야 한다.
성경을 보면, "의인의 입은 생명의 샘"(잠 10:11)이고 "의인의 입술은 여러 사람을 교육"(잠 10:21)한다고 하였으며 "의인의 입은 지혜를 낸다"(잠 10:31)라는 표현도 있다. 의인의 말은, 그 말을 듣는 사람들에게 즐거움과 깨달음을 주는 말이어야 한다. 또한, 말뿐만 아니라 행실과 삶에 의로움이 있어야 한다. 죄인은 그렇게 살 수 없다.

그러면 의롭게 살면 하나님께서 어떤 보상을 해 주시는가?

- 하나님께서 의인에게 내리시는 보상은 생명이다(잠 10:16).
- 하나님은 의인이 영원히 살 수 있는 땅을 기업으로 내리신다.
- 의인을 사랑하시고 보호하신다(시 146:8).
- 의인의 길을 보살펴 주신다(시 1:6).

- 의인이 넘어지지 않게 받쳐 주신다(시 37:17).
- 의인이 위험에 처했을 때 구원의 손길을 주신다(시 37:39).
- 의인이 굶주리지 않게 하시며, 그의 자녀들이 구걸하게 두지 않으신다(잠 10:3).
- 의인에게 복을 내리신다(시 5:12).
- 항상 의인을 돌보신다(욥 36:7).
- 의인의 집에 복을 내리신다(잠 3:33).
- 의인의 머리에 면류관을 씌우신다(잠 10:6-7).
- 의인의 기도를 들으신다(잠 15:29; 벧전 3:12).
- 의인의 부르짖음을 들으시고 구원의 손길을 내리신다(시 34:17).

7. 욕심과 공포

사람이 살다 보면 아무 일도 없이 편안하게 살 때가 있는가 하면 전혀 예상하지 않았던 어려움을 당할 때도 있다. 때로는 비상사태를 당할 때도 있다. 비상사태가 발생하면 그에 상응하는 반응을 하는 것이 인간의 본성이다. 이때는 온몸이 긴장하고 심장이 격렬하게 뛰며 호흡도 가빠지고 비상사태를 극복하려는 활동을 하게 된다.

이때 그 비상사태를 해결하기 위하여 우리 몸의 뇌와 자율 신경계가 일을 한다. 뇌는 비상사태를 해결하기 위하여 신체가 어떻게 반응을 해야 하는지에 관한 종합적인 판단을 하여 신체의 각 부위에 명령을 내리며 신체의 각 부위는 그 명령에 따라 움직인다.

　그런데 비상사태가 생겼을 때의 반응은 사람마다 다르다. 그 비상사태를 평범한 일상생활과 같이 반응하며 대처하는 사람이 있는가 하면, 그와는 정반대로 엄청나게 크게 반응하며 심지어는 자기 생명을 잃을 정도로 반응하는 사람도 있다. 이런 반응을 하는 이유는 마음을 안정시키는 훈련이 되지 않았거나 믿음이 없기 때문이다.

　또한, 자기에게 아무런 위험이 닥치지 않았는데도 불행한 일이 닥쳐오리라는 공포를 미리 느끼는 사람도 있다. 이런 반응을 하는 사람들은 신체의 경보 체계가 과민 반응을 하거나 오작동을 일으키는 경우라고 할 수 있다.

　똑같은 상황에 대한 반응이 이렇게 다른 이유는 심리적 안정과 관계가 있다. 정신적으로 안정이 되지 않는 상태에서 과민 반응이 일어나는 것이다.

　이런 심리 상태를 안정된 상태가 되게 하려면 영적으로 안정을 찾는 것이 중요하다. 영적으로 안정이 되어 있지 않으면 정신도 불안정할 수밖에 없다.

자신의 어려움을 돌보아 줄 수 있는 절대자를 믿으면 심리적 안정을 찾을 수 있다. 그런 믿음 중에는 전지전능의 하나님을 믿는 신앙이 가장 좋다. 자신이 걱정해야 할 모든 것을 전능의 하나님께 맡기는 믿음을 가지면 자신이 해결해야 할 어려운 문제들을 그분이 다 해결해 주신다고 믿게 되기 때문이다.

그러나 인간은 자기 근심과 걱정을 하나님께 맡기는 것이 쉽지 않다. 인간은 자기중심적인 본성을 가지고 있기 때문이다. 결국, 인간이 자기 욕심을 버릴 수 있어야 하나님을 마음속에 모실 수 있고 진정한 믿음을 가질 수 있다. 그래야 인간은 마음에 평안을 얻을 수 있다.

8. 고정관념을 버려야

인간은 생각을 바꾸기가 대단히 어려운 존재이다. 유교 문화의 영향을 받아 온 우리는 2,000년대를 넘어서면서 서구 문명과 사이버 시대의 독특한 문명에 영향을 받으며 살게 되었다. 나이가 든 사람들은 우리의 고유한 문화와 전통이 사라지는 것을 안타까워하고, 젊은 세대는 그런 사고를 가진 나이 든 사람들을 이해할 수 없어 세대 간의 갈등이 일어나고 있다.

이런 시대적 흐름이 반영되어 사회 문제로 등장한 것이 연령에 의한 조직의 개편으로, 이로 인하여 회사와 나라의 인재 활용에 혼란이 오고, 개인의 삶이 많은 영향을 받고 있다. 지금은 국민소득이 높아지고 건강보험이 잘되어 있어서 국민의 건강 상태가 좋아졌다. 왕성하게 일할 수 있는 신체적 조건을 가지고 있으면서도 상당수가 시대의 바람에 밀려 40-50대에 회사에서 밀려나고 60대에 일할 수 없는 늙은이 취급을 받는다.

2010년대 초반에 영국의 한 교수가 인간의 활동에 대하여 연구하여 논문을 발표했다. 그 논문을 보면 73세 때가 인간의 최전성기라고 한다. 그만큼 인간의 수명이 길어지고 건강이 좋아지고 삶의 질이 높아진 사회에 우리는 살고 있다.

우리는 새로운 시대에 맞게 인간의 능력을 적절하게 사용하는 것이 개인이 행복하고 기업과 나라가 부유해질 수 있는 방법이라는 것을 간과해서는 안 된다.

나이에 따라서 일률적으로 구분하여 사람을 밀어낼 것이 아니라 그 개인의 신체 기능과 능력에 따라서 그 능력을 활용하는 지혜를 가지는 것이 필요하다. 그러려면 고정관념을 버리고 능력 위주의 사회로 전환되어야 건전한 사회와 국가와 교회가 될 것이며, 개인도 행복한 인생을 살 수 있을 것이다.

9. 베드로를 책망하는 바울

성경 갈라디아서 2장에 이런 내용이 있다.

> 게바가 안디옥에 이르렀을 때에 책망받을 일이 있기로 내가 그를 대면하여 책망하였노라 야고보에게서 온 어떤 이들이 이르기 전에 게바가 이방인과 함께 먹다가 그들이 오매 그가 할례자들을 두려워하여 떠나 물러가매 남은 유대인들도 그와 같이 외식하므로 바나바도 그들의 외식에 유혹되었느니라 그러므로 나는 그들이 복음의 진리를 따라 바르게 행하지 아니함을 보고 모든 자 앞에서 게바에게 이르되 네가 유대인으로서 이방인을 따르고 유대인답게 살지 아니하면서 어찌하여 억지로 이방인을 유대인답게 살게 하려느냐 하였노라 우리는 본래 유대인이요 이방 죄인이 아니로되 사람이 의롭게 되는 것은 율법의 행위로 말미암음이 아니요 오직 예수 그리스도를 믿음으로 말미암는 줄 알므로 우리도 그리스도 예수를 믿나니 이는 우리가 율법의 행위로써가 아니고 그리스도를 믿음으로써 의롭다 함을 얻으려 함이라 율법의 행위로써는 의롭다 함을 얻을 육체가 없느니라 (갈 2:11-16).

자기보다 선배이고 리더인 베드로가 그의 신앙생활에 모호함이 있을 때 바울은 베드로를 면전에서 단호히 책망했다. 바르게 일하지 못한 베드로에 대한 바울의 확고한 태도는 우리가 본받아야 할 신앙적

태도이다. 교회의 권위에 짓눌린 현대 기독교인들은 바른 신앙으로 무장하여 권위로 지배하려는 자들에게 바울과 같이 말할 수 있어야 한다. 그리고 권위에 익숙해진 현대 교인들은 깨어서 진리에 바로 서야 한다. 종교를 위한 종교 행위에 맹종해서는 진정한 하나님의 나라를 건설할 수 없다.

10. 신앙 교육

인간은 나면서부터 배우기 시작한다. 눈으로 보고 귀로 듣고 감각으로 느끼는 모든 것이 교육이다. 언어를 배우고 습관을 들이는 모든 것이 하나의 교육이다.

신앙 교육도 이르면 이를수록 좋다. 늦게 신앙 교육을 하려면 힘이 들 수 있다.

나는 20여 년 동안 의과대학과 간호대학 학생들을 데리고 전 세계를 두루 다니면서 의료 봉사 훈련을 시키며 선교 활동을 해 보고 깨달은 것이 있다. 이미 다른 종교를 가진 성인들에게 복음을 전하는 것은 대단히 어렵다는 사실이다. 아직 뇌가 굳지 않았고 성장하는 어린아이들에게 복음을 전하는 것이 훨씬 효과적이다. 선교를 하려면 어린이 선교를 하는 것이 효율적이다.

선교뿐만 아니라 자기 자식의 신앙 교육도 어려서 하는 것이 중요하다. 내가 아는 한 사람은 아들이 입시 공부를 하는 동안 교회에 가서 신앙 교육을 받게 하지 않고 공부만 하게 하였다. 그 후 대학 입시를 마치고 다시 교회에 가서 신앙생활을 하라고 하였더니 그때는 아이가 교회에 가지 않겠다고 한다면서 한숨을 쉬며 후회를 하였다. 신앙 교육과 학교 교육은 같이 해야 한다. 신앙 교육을 함으로 학교 교육에 도움이 되도록 가르쳐야 한다.

즉, 신앙을 가짐으로 학교 교육이 더 잘되는 순기능을 가지도록 해야 한다. 그렇게 하려면 교회에서 학생들에게 신앙 교육을 할 때 신앙을 가짐으로 공부하는 것을 도와주는 방향으로 학생들을 지도해야 한다. 교회생활을 함으로 학교 성적이 올라가서 입시에 도움이 되도록 지도해야 한다.

11. 내가 여기 있습니다

창세기 22장에는 하나님께서 아브라함의 믿음을 시험하시려고 100세에 얻은 아들 이삭을 제물로 바치라고 하신 일이 기록되어 있다.

하나님께서 아브라함을 시험하시려고 그에게 "아브라함아!" 하고 부르시니, 그가 "내가 여기 있습니다"라고 대답했다. 하나님께서 아브라함에게 말씀하셨다.

"사랑하는 네 독자 이삭을 데리고 모리아산으로 가서 그를 번제로 드려라."

그러자 아브라함이 그 아들 이삭에게 나무를 지우고 하나님께서 지시하신 곳으로 올라갔다. 그 길에서 이삭이 아브라함을 불렀다.

"아버지!"

아브라함이 대답했다.

"내 아들아, 내가 여기 있다."

이삭이 물었다.

"불과 나무는 있는데, 번제로 드릴 어린양은 어디에 있습니까?"

아브라함이 대답하였다.

"아들아, 번제로 드릴 어린양은 하나님이 친히 준비하실 거란다."

아브라함은 하나님께서 지시하신 곳에 단을 쌓고 아들 이삭을 결박하여 나무 위에 놓고 칼을 잡고 그 아들을 찌르려 했다. 그 순간 여호와의 사자가 불렀다.

"아브라함아, 아브라함아!"

아브라함은 대답했다.

"내가 여기 있습니다."

그때 하나님의 사자가 그에게 말했다.

"그 아이에게 네 손을 대지 말라. 아무 일도 그에게 하지 말라. 네가 네 아들 독자라도 내게 아끼지 아니하였으니 내가 이제야 네가 나를 경외하는 줄을 아노라."

이 사건에서 이삭이 아버지를 불렀을 때 아브라함이 "내가 여기 있다"라고 대답한 것과, 하나님께서 아브라함을 향하여 "아브라함아!" 하고 부르셨을 때 "내가 여기 있습니다"라고 대답한 것은 같은 의미를 가졌지만 그 상대가 아들과 하나님으로 달랐다.

우리는 하나님의 부름, 가족의 부름, 세상의 부름, 욕망의 부름에 대하여 끊임없이 하나를 택하여 대답해야 하는 인생을 살고 있다. 하나님의 부름에 우선적으로 답을 하는 자가 복 있는 자다.

파도처럼 움직이며, 빛처럼 빠르게 변하는 인간의 마음이건만 변함없는 믿음으로 백 세에 얻은 아들을 번제로 드리려 한 아브라함을 믿음의 조상으로 삼으신 하나님은 오늘도 "내가 여기 있습니다"라는 우리의 대답을 기다리신다.